Nature of Philosophy

Nature of Philosophy

Object and Its Utility in Daily Life

– A Critique –

दर्शन का स्वरूप

विषय-वस्तु और प्रतिदिन जीवन में इसकी उपयोगिता

– विश्लेषणात्मक विवेचन –

Devendra Nath Tiwari

देवेन्द्र नाथ तिवारी

PRINTWORLD

Publishers of Indian Traditions

Cataloging in Publication Data — DK
[Courtesy: D.K. Agencies (P) Ltd. <docinfo@dkagencies.com>]

Tiwari, Devendra Nath, author.
Nature of philosophy : object and its utility in daily life : a critique = Darśana kā svarūpa : viṣaya-vastu aura pratidina jīvana meṁ isakī upayogitā : viśleṣaṇātmaka vivecana / Devendra Nath Tiwari.
pages cm
English and Hindi.
ISBN 9788124612347

1. Philosophy. 2. Philosophy, Indic. I. Title. II. Title: Darśana kā svarūpa.

LCC BD21.T59 2024 | DDC 100 23

ISBN: 978-81-246-1234-7 (PB)
First published in India in 2024

Printed and published by:
D.K. Printworld (P) Ltd.
Regd. Office : "Vedaśrī", F-395, Sudarshan Park
ESI Hospital Metro Station, New Delhi – 110015
Phones : (011) 4172 2626, 98713 94815
e-mail : indology@dkprintworld.com
Web : www.dkprintworld.com

प्रस्तावना

"दर्शन" शब्द का प्रयोग अनेक अर्थों में किया जाता रहा है। कुछ विद्वानों ने अपनी चिन्तन प्रणाली की अवधारणा, किसी सिद्धान्त, सिद्धान्तीकरण, पसन्द और रुचियों को दर्शन नाम दिया और वे उन्हें ही उचित ठहराने की जिद में तर्क, प्रमाण देते हैं। इस प्रक्रिया में वे अपने पूर्ववर्ती दर्शनों की आलोचना एवं खण्डन करते हैं। प्रत्येक आगे आने वाला दार्शनिक अपने पीछे के दार्शनिकों के विचारों का खण्डन करता है। इसका एक लाभ यह है कि किसी समस्या के प्रति जो भी प्रश्न उठते हैं, उसके अनेकों प्रकार से समाधान देखने को मिलते हैं । कुछ विचार दर्शन के इतिहास के विषय बनते हैं और कुछ नवीनता के अभाव में विस्मृत हो जाते हैं। कुछ लोग दर्शन को भारतीय, पाश्चात्य, ग्रीक, चाइनीज़, रशियन इस रूप में बाँटकर अपनी-अपनी रुचियों एवं साम्प्रदायिक अवधारणाओं के अनुसार दर्शन की परिभाषा के सम्बन्ध में एक सापेक्षिक समझ बनाते हैं।

दर्शन को विभिन्न क्षेत्रों के सन्दर्भ में लेकर देखे जाने के प्रयास का एक दृष्टान्त है ***"What Philosophy Is?"*** (ed. Havi Carel and David Gamez, with a Foreword by Simon Blackburn, South Asian Edition 2007)। इसमें दर्शन के विविध विषयों जैसे Philosophy as Politics, Philosophy as Logo, Philosophy as Biology, Philosophy as Intensive Science, Philosophy as Dynamic Reason, Philosophy as if Place Mattered, Philosophy as a Problem in Latin America, Philosophy as Bricolage, Philosophy as Judgement, Philosophy as Nomadism, Philosophy as Poetry, Philosophy as Therapy, Philosophy as Listening, Philosophy as Profession, Philosophy as Deep and Shallow Wisdom, Philosophy as Saying the Unsayable से सम्बन्धित आलेखों को संकलित किया है। Blackburn ने इस पुस्तक में संकलित लेखों के सन्दर्भ में अपने Foreword में कुछ पंक्तियां लिखी हैं जो विचारणीय हैं –

> An assortment of theoretical approaches (p. xii), reflection is itself a vice ... it destroys knowledge, philosophers typically kill

> their parents and siblings (p. xv), philosophy at the present time needs a stimulus of perhaps an irritant (p. xv).

और उन्होंने निष्कर्ष की अन्तिम पंक्ति में लिखा कि –

> It would be no insult to philosophy to find it doing as well as Shakespeare.
> – p. xviii

इस पूरी पुस्तक से दर्शन की विविधता से उन दर्शनों की विशेषता तो समझ आती है, परन्तु दर्शन की एक सामान्य परिभाषा की समझ भ्रमित होती है। आखिर दर्शन क्या है?

नेशनल पब्लिशिंग हाउस ने डॉ॰ नन्द किशोर देवराज की पुस्तक *दर्शन : स्वरूप, समस्याएं, एवं जीवन-दृष्टि* नामक शीर्षक से प्रकाशित की है। इस पुस्तक में देवराज ने दर्शन को समझाने का लक्ष्य उपस्थापित न करके अपने सर्जनात्मक मानववाद के अभिप्रायों को स्पष्ट किया है। दर्शन एवं धर्म विभाग, काशी हिन्दू विश्वविद्यालय ने मार्च 1965 में "The Concept of Philosophy", शीर्षक पर आयोजित एक सेमिनार में प्रस्तुत नौ आलेखों एवं चर्चा के दौरान पूछे गए प्रश्नों एवं उन पर प्रस्तुतकर्ताओं के उत्तरों का संकलन 1968 में प्रकाशित किया। दर्शन की अवधारणात्मक समझ की दृष्टि से यह एक पठनीय संकलन है। T.R.V. Murti ने अपने आलेख "The Concept of Philosophy" के निष्कर्ष में लिखा है —

> Regarding the value of philosophical investigations, it needs to be stated that being an autonomous activity, it is not subservient to any other pursuit or interest. It is not a means but an end in itself. Philosophical knowledge is liberation of the human mind from every kind of narrowness and prejudice. It is freedom itself.
> – p. 58

अर्थात् दार्शनिक अनुचिन्तन के मूल्य के बारे में यह कहा जाना चाहिए कि एक स्वायत्त गतिविधि होने के नाते यह किसी अन्य क्रियाओं एवं रुचियों के अधीन नहीं है। यह एक साधन नहीं बल्कि अपने आप में एक साध्य है। दार्शनिक ज्ञान हर प्रकार की संकीर्णता और पूर्वाग्रहों से मानव बुद्धि की मुक्ति है। यही स्वतन्त्रता है।

यह एक स्वीकारणीय विचार है। परन्तु इसमें investigation को किस अर्थ में लिया गया है इस विषय पर कोई स्पष्टीकरण नहीं दिया गया है। मैंने इसे दार्शनिक अनुचिन्तन (philosophical reflection) के अर्थ में लिया है। इस तरह प्रोफेसर मूर्ति उच्चतम ज्ञान के हेतु-रूप में दार्शनिक अनुचिन्तन को साधन और स्वयं सभी प्रकार की बुद्धि की अवधारणाओं एवं सीमितताओं से मुक्ति के रूप में इसे साध्य निष्कर्षित करते हैं।

इस सन्दर्भ में 1955 में प्राची प्रकाशन, कोलकाता द्वारा प्रकाशित प्रोफेसर दयाकृष्ण की पुस्तक *The Nature of Philosophy* का विशेष उल्लेख करना मेरे लिए आवश्यक है। इसे पढ़ने का मौका मुझे 1988 में मिला और इससे मुझे दर्शन को समझने की एक दृष्टि मिली। यह पुस्तक Professor N.V. Bannerjee के निर्देशन में किया गया दया जी का PhD शोध-प्रबन्ध है जिसके बाह्य परीक्षक थे Professor Gilbert Ryle, Professor H.H. Price और Professor S.K. Maitra, जोकि अपने समय के उच्च कोटि के दार्शनिक आचार्य थे। कुछ विद्वानों ने उनके निष्कर्ष को निषेधात्मक मानकर उनसे अपनी मतभिन्नता को भी व्यक्त किया है। उनका निष्कर्ष है कि विषय के बारे में किए गए चिन्तन से उत्पन्न अवधारणात्मक भ्रमों एवं उन भ्रमों के स्पष्टीकरण करने के प्रयास का एक नाम "दर्शन" है।

> Philosophy, then is simultaneously a name for the conceptual confusions that arise in thinking about the subject and the attempt at the clarification of those confusions. – p. 233

ग़ैर-दार्शनिक व्यक्ति किसी विचार, मत, सिद्धान्त, प्रत्यय के लिए दर्शन शब्द का प्रयोग प्रायः करते रहते हैं । किसी भी प्रकार के मत या आइडियोलॉजी (ideology) को दर्शन नहीं कहा जा सकता। इससे दर्शन की परिभाषा भ्रमित होती है। परन्तु बुद्धि उन मतों या सिद्धान्तों से यदि किसी समस्या से टकराती है , उस पर स्वचेतन होती है, उसके समाधान के लिए अनुचिन्तन करती है और समाधान पाती है, तो इस पूरी प्रक्रिया को दर्शन कहते हैं।

दर्शन क्या है? इसे समझने के लिए इसकी समस्याएं, विषय या क्षेत्र, इसकी विधा, इसका प्रयोजन और इसकी उपयोगिता को भी समझना आवश्यक है।

प्रायः परिवार, व्यक्ति, समाज और देश की समस्याओं से संघर्ष को ही हम जीवन मानते हैं, और जीवनपर्यन्त उनसे संघर्ष करते रहते हैं। सुख–दुःख का अनुभव करते हैं तथा उसी आधार पर जीवन की सापेक्षिक परिभाषा बनाते हैं, परन्तु समस्याओं को समझने का प्रयास नहीं करते। कुछ तत्त्वमीमांसीय दार्शनिक दुःख, भ्रम, संशय, आदि समस्याओं का कारण अज्ञान, अविद्या, मानकर उनके आत्यन्तिक निवृत्ति के लिए तत्त्वज्ञान प्राप्त करने की विधा को दर्शन मानते हैं। कुछ विद्वान् सृष्टि एवं सृष्टि-प्रक्रिया को समग्रता में प्रस्तुत करने को दर्शन मानते हैं, कुछ बुद्धि और ज्ञान के स्वरूप, उनकी शक्तियों तथा सीमा को निर्धारित करने तथा उन अवधारणाओं से उत्पन्न समस्याओं पर अनुचिन्तन को दर्शन मानते हैं, तो कुछ भाषा के गलत या भ्रमित प्रयोगों से उत्पन्न समस्याओं के निराकरण को दर्शन मानते हैं। मेरा मानना है कि किसी भी क्षेत्र में, चाहे इतिहास हो या विज्ञान, चाहे वाणिज्य हो या तकनीकी, कला हो

या सामाजिक विज्ञान, तत्त्वमीमांसा हो या ज्ञानमीमांसा, कर्ममीमांसा हो या मूल्यमीमांसा, इन विषयों से सम्बन्धित सिद्धान्तीकरण को लेकर जो समस्याएं बुद्धि का विषय बनती हैं, उनके समाधान के लिए जो अनुचिन्तन किया जाता है, और उन अनुचिन्तनों से उत्पन्न समस्याओं के समाधान के लिए भी जो अनुचिन्तनात्मक क्रियाएं होती हैं, उन्हें भी दर्शन कहते हैं। इस तरह दर्शन के क्षेत्र या विषय-वस्तु तथा व्यवहार एवं परमार्थमीमांसा की सभी समस्याएं – जिनसे बुद्धि का भटकाव होता है, विचार मलग्रस्त होते हैं, सत्यानुसन्धान भटकता है – वैचारिक होती हैं तथा उन समस्याओं का क्षेत्र दार्शनिक चिन्तन का क्षेत्र है।

ज्ञान के विषय को लेकर भी समस्याएं उत्पन्न होती हैं। यह विषय इन्द्रियग्राह्य वस्तु है, बाह्य वस्तुओं की इन्द्रियग्राह्य संवेदनाएं हैं, बुद्धि की संरचनाएं या विकल्प हैं, इन मतों को मानने पर ज्ञान के विषय के सम्बन्ध में भी समस्याएं उत्पन्न होती हैं। इसीलिए ज्ञान का विषय वास्तव में क्या है? इस विषय पर एक तरह के विचारक दूसरे मतों का खण्डन करते हैं। इस पुस्तक में दार्शनिक ज्ञान के विषय को विचार-रूप में प्रकाशित शब्द एवं उससे अभिन्न रूप से प्रकाशित अर्थ तक ही सीमित माना गया है। बुद्धि केवल विचारों को ही जान सकती है, विचार बोध की इकाई है और ज्ञान के विषय मात्र ये शब्द और अर्थ के विचार या बोधमूलक सत्ताएं या विषय (intelligible beings) हैं। बुद्धि इन विचार-रूप विषयों को ही जानती है और उन्हीं पर अनुचिन्तन करती है। इस तरह ये विषय न तो वस्तुगत है न आत्मगत, बल्कि चेतना के प्रकाश, विचार या बौद्ध सत्ताएं (cognitive beings) हैं। भाषा से भाषा और उसका अर्थ दोनों बुद्धि में प्रकाशित होते हैं – ऐसा मानकर चलने पर ज्ञान तथा ज्ञान से इतर बाह्य भौतिक विषय-सम्बन्धी समस्याओं के समाधान का बोधमूलक आधार मिल जाता है, और ज्ञान के विषय-सम्बन्धी विभिन्न मतों से उत्पन्न ज्ञान तथा उससे विषयों के सम्बन्ध आदि की समस्याएं उत्पन्न ही नहीं होती।

दर्शन की कोई एक विधा नहीं है। देश, काल, संस्कृति तथा जिस तन्त्र या सिद्धान्त, व्यक्ति या समूह में संस्कारित है तथा जिन्हें वह अपने दर्शन में परिष्कृत करना चाहता है, उसके हिसाब से विधा को अपनाता है। उदाहरण के लिए किसी बालक और किसी ज्ञानवृद्ध को समझाने के लिए एक ही विधा को नहीं अपनाया जा सकता। अनुचिन्तन करने वाले दार्शनिक के ज्ञान संस्कार तथा यथार्थ को व्यक्त करने की तार्किक क्षमता एवं द्रष्टाभाव भी विधा की विभिन्नता की दृष्टि से महत्त्वपूर्ण होता है। कुछ दर्शनों के सन्दर्भ में तो यह भी देखा गया है कि दार्शनिक अपने सत्य की खोज को व्यक्त करने के लिए जो विचार प्रवाह करता है, उसमें वह किसी विशेष विधि का ध्यान नहीं रखता, लेकिन विद्वानों को उसकी विधा आकर्षित करती है और

वे उसकी विधा की पहचान करते हैं। दार्शनिक चिन्तन में विचारों को दार्शनिक रूप से व्यक्त करने के लिए कुछ प्रसिद्ध विधाएं रेखांकित की जाती हैं । जैसे विश्लेषणात्मक, विवेचनात्मक, वर्णनात्मक, वार्ता, द्वन्दात्मक, तथ्यात्मक, मूल्यात्मक, वस्तुवादी, विज्ञानवादी, निषेधात्मक, संवादविधि, ज्ञानमीमांसीय, अतिक्रामी, अनुसन्धानात्मक, शिक्षणात्मक, संशय, आदि । इन दार्शनिक विधाओं को वैज्ञानिक भी अपनाकर अपना सिद्धान्तीकरण करते हैं। मेरी दृष्टि में किसी विचारधारा या उसकी अवधारणाओं से मुक्त यथार्थ को प्रकाशित करने हेतु होने वाला अनुचिन्तन एक दार्शनिक विधा भी है, और इसके अन्तर्गत दार्शनिक की ज्ञान-संस्कार एवं दक्षता-सापेक्ष संवाद, विश्लेषण, आदि सभी अन्य विधाएं सम्मिलित होती हैं।

दर्शन का लक्ष्य किसी अवधारणा, या अवधारणा के सिद्धान्तीकरण से उत्पन्न समस्याओं से टकराना, और दार्शनिक अनुचिन्तन द्वारा बुद्धि को उनसे मुक्त करना है। हम अज्ञानी इसलिए हैं कि जो ज्ञान बुद्धि में शब्दों या भाषा से प्रकाशित होता है उस पर हम अपनी इच्छाओं, रुचियों, पसन्द, नापसन्द, भौतिक, साम्प्रदायिक, अनेक तरह की वासनाओं को आरोपित कर देते हैं, और आरोपित ज्ञान तथा उसके विषय को ही सच या वास्तविक मानकर दुराग्रही हो जाते हैं या कहें कि उसे ही सिद्ध करने हेतु तर्क, प्रमाण, आदि करते हैं, उसका ही सिद्धान्तीकरण करते हैं । दार्शनिक बुद्धि जब उसका परिशीलन करती है तो उस सिद्धान्तीकरण में समस्याएं उत्पन्न होती हैं। बुद्धि उन समस्याओं से मुक्त होने की दिशा में अनुचिन्तन करती है। समस्याओं से मुक्त होने का तात्पर्य समस्त आरोपित ज्ञान के हेतुओं और प्रक्रियाओं से मुक्त होकर जिस रूप में प्रकाशित होता है, उस रूप में ज्ञान की दृष्टि का होना है । इस प्रक्रिया में आरोपित ज्ञान का जिस रूप में यह सिद्धान्तीकरण हुआ है, उस रूप में उसे जानना तथा आरोपणों से मुक्त ज्ञान से उसे भिन्न होने की समझ या विवेक का होना भी सम्मिलित है। एक ही अवधारणा के प्रति अनेक प्रकार की प्रज्ञा या बुद्धि हो सकती है, किन्तु उन सभी पर अनुचिन्तन से प्राप्त विवेक एक होता है। बुद्धि या विचार कल्याणकारी कार्यों का प्रेरक-कारण तभी हो सकता है, जब वह आरोपित अवधारणाओं से उत्पन्न होने वाली समस्याओं से मुक्त ज्ञान या विचार को प्रकाशित करे।

दर्शन के इतिहास पर पुस्तकों के विद्वान् लेखक दर्शन की उपयोगिता पर पर्याप्त विचार नहीं करते। उपयोगिता की दृष्टि से प्रायः पाश्चात्य लेखक भारतीय दर्शन को धर्म और भारतीय लेखक पाश्चात्य दर्शन को शुष्क बुद्धिविलास, भारतीय दर्शन को अध्यात्मवादी और पाश्चात्य को भौतिकवादी मानते हैं। प्रश्न उठता है कि दर्शन या दार्शनिक चिन्तन क्यों? वस्तुतः दर्शन को स्वयं ज्ञान या उसके विषय या विचार के स्वरूप, स्रोत, और बुद्धि की सीमा पर अनुचिन्तनात्मक क्रिया

माना जाता है, परन्तु दर्शन ज्ञान को ही क्यों केन्द्रित करता है? शुष्क ज्ञान की शाश्वतता नहीं होती। ज्ञान की शाश्वतता उसके मूल्य, परम मूल्य होने में है, और मूल्य कल्याणकारी कर्त्तव्यों से अपरिहार्य रूप से जुड़ा होता है। ज्ञान कल्याणकारी कर्त्तव्यों का प्रेरक-कारण होता है। इस दृष्टि से देखने पर दर्शन संशय, विपर्यय, भ्रम, विसंगति, सिद्धान्तीय अवधारणाओं आदि से मोहित एवं भ्रमित वैचारिक समस्याओं से चिन्तन की मुक्ति का हेतु है, और मानवीय व्यवहार के लिए अत्यन्त उपयोगी है। दर्शन की उपयोगिता के बिन्दुओं को इस पुस्तक के दूसरे खण्ड में, दर्शन को पूर्वी और पाश्चात्य में बाँटे बिना समग्र रूप में लेकर जीवन में परम्परागत एवं वर्तमानकालीन दार्शनिक अनुचिन्तन की उपयोगिता को दर्शाया गया है। मेरी स्पष्ट अवधारणा है कि समस्याएं चाहे ज्ञान की हों या कर्म तथा मूल्यों की, जीवन की हो या विचार की, परम्परागत हो या दिन-प्रतिदिन की, उनके जंजाल से विचारों की मुक्ति के लिए, दार्शनिक अनुचिन्तन की उपयोगिता दर्शन को शाश्वतता प्रदान करती है।

शिक्षकों, शोध-छात्रों, विद्यार्थियों एवं दर्शन को समझने की रुचि रखने वाले विद्वानों तथा विशेष रूप से डी॰के॰ प्रिण्टवर्ल्ड के प्रबन्ध निदेशक श्री सुशील कुमार मित्तल जी के आग्रह पर *दर्शन का स्वरूप, विषय-वस्तु और प्रतिदिन जीवन में इसकी उपयोगिता : विश्लेषणात्मक विवेचन* नामक यह पुस्तक सरल अंग्रेज़ी और हिन्दी दोनों भाषाओं में प्रस्तुत हो पाई है। भारतीय एवं पाश्चात्य, प्राचीन एवं समकालीन दर्शनों की प्रमुख धाराओं के दार्शनिक चिन्तन और उसके विषय-सम्बन्धी मतों/सिद्धान्तों को प्रस्तुत कर उनके उन विश्लेषित कारणों को स्पष्ट किया गया है, जो समस्याएं उत्पन्न करते हैं। और उन सभी विषयों का समीक्षापूर्वक अनुचिन्तन उस रूप में किया गया है, जिस रूप में वे बुद्धि में प्रकाशित होते हैं। दर्शन बोधमूलक अनुचिन्तनात्मक क्रिया है और दार्शनिक ज्ञान का विषय विचार है। भाषा और अर्थ के विचार ही हमारे ज्ञान के विषय हैं। अतः दर्शन के प्रत्यय, दर्शन के विषय और प्रतिदिन उपयोगिता पर यह पुस्तक एक नवीन दार्शनिक दृष्टि है, तथा विद्यार्थियों, विद्वानों, एवं ज्ञानपिपासुओं के लिए यह पुस्तक अवश्य पठनीय है।

वाराणसी **देवेन्द्र नाथ तिवारी**

Contents

Section II

Section I

1. The Problem (समस्या)

SINCE the dawn of civilization, philosophy has been a covetous subject of knowing the highest knowledge. It has been given utmost importance among human investigations, learning and studies for conception, clarity and removing problems concerning any concept. Philosophers have defined philosophy differently with the interest and allegiance of their systems or constitution of their thoughts. It is why the succeeding philosophers criticize and refute the views of their preceding philosophers that form a history of philosophy. With a view to come to an agreeable position, we are presenting here a critique of popular views on philosophy and its utility. Free from the captives of metaphysical, ontic entities, our interests and allegiances to them, the problem, field or objects, method, purpose and utility of philosophy have been well analysed and settled in this book and even so as they are cognized by us.

Herein, we do not perceive philosophy divided in Indian and Western, but as a discipline for clarity and conception through reflecting and analysing the knowledge and the objects of knowledge as they figure when the mind confronts with a problem. The critique of philosophy herein analyses, examines and evaluates different popular currents of defining philosophy so that to know how far those systems are successful in grasping the true spirit of philosophy. The problems they fail to resolve have been pointed out so as to arouse the curiosity of the readers to reflect their own over those problems for promoting the cause of philosophy.

We all agree on the fact that whatever is the object of knowledge, it is the object of our philosophical reflection. External material things are the objects of our senses and they become the objects of our knowledge and reflection when they flash as an idea or a thought. Language infuses thought. The idea of language and the meaning the language flashes are only intelligible objects of our knowledge and, hence, of philosophical reflection.

In order to easily understand "what philosophy is" we cannot ignore responding to the question "what is not philosophy?" The best part of this work is its dealing with the utility of philosophy in day-to-day life without replacing it with logic, *yoga*, ethics, sociology, political philosophy and other so-called practical disciplines.

सभ्यता के आरम्भ से ही दर्शन उच्चतम ज्ञान को जानने का एक अभिलषित अनुशासन रहा है। सम्प्रत्यय सम्बन्धी समस्याओं को दूर करने और उन्हें स्पष्ट करने हेतु अवधारणाओं सम्बन्धी मानवीय अनुसन्धानों, शिक्षण और अध्ययनों में इसे अत्यन्त महत्त्वपूर्ण माना गया है। दार्शनिकों ने अपनी अभिरुचि, अपने सिद्धान्तों के प्रति निष्ठा अथवा अपने विचारों की संरचना के अनुरूप दर्शन को भिन्न-भिन्न रूपों में परिभाषित किया है। इन्हीं कारणों से आगे आने वाले दार्शनिकों ने अपने पूर्ववर्ती दार्शनिकों के मतों की आलोचना एवं समीक्षा की है जिसे लेकर दर्शन का इतिहास बनता है। सहमति की स्थिति तक पहुँचने की दृष्टि से दर्शनशास्त्र और इसकी उपयोगिता विषय पर प्रसिद्ध मतों की विवेचना हम नीचे करेंगे। इस कृति में दर्शनशास्त्र की समस्या, क्षेत्र या विषय, विधि, उद्देश्य और उपयोगिता का सही दिशा में विश्लेषण और निर्णय करने का प्रयास उस रूप में किया गया है जिस रूप में हमें उनका बोध होता है।

मैंने अपनी प्रस्तुति में दर्शनशास्त्र को पूर्वी और पश्चिमी दर्शन में बाँटकर विचार नहीं किया है, अपितु बुद्धि जब किसी समस्या से टकराती है तब जो ज्ञान और ज्ञान का विषय प्रकाशित होता है अथवा कोई समस्या हो तो उसे स्पष्ट करने और निश्चयात्मक बोध के लिए विश्लेषणपूर्वक उस पर अनुचिन्तन करने, उसे स्पष्ट करने वाली विद्या या शास्त्र के रूप में इसे देखा है। अपनी चिन्तन पद्धति की वासना के अनुसार विभिन्न दार्शनिकों ने भिन्न-भिन्न प्रकार से दर्शन को परिभाषित किया है । यह ज्ञात हो जाए कि वे परिभाषाएं दर्शन की सही प्रकृति को बताने में कितनी सफल हैं और किन समस्याओं का समाधान उनसे नहीं हो पाता? इसके लिए प्रायः सभी प्रसिद्ध परिभाषाओं का विश्लेषण, परीक्षण और मूल्यांकन इस विवेचन में करने का प्रयास किया है ताकि अध्येताओं में स्व-दार्शनिक समाधान की जिज्ञासा हो, उस पर वे अनुचिन्तन करें और दर्शन के कार्य को समुन्नत कर सकें।

हम सब इस बात पर सहमत हैं कि जो भी हमारे ज्ञान का विषय है वही हमारे दार्शनिक चिन्तन का भी विषय है। भौतिक विषय इन्द्रिय प्रत्यक्ष का विषय है और वे हमारे ज्ञान और चिन्तन, अनुचिन्तन का विषय तब बनते हैं जब वे विचाररूप में बुद्धि में प्रकाशित होते हैं । यह विचार शब्द से अनुविद्ध ही होता है। बौद्ध-शब्द और उससे निर्धारित रूप से प्रकाशित अर्थ विचार रूप में ही हमारे ज्ञान और दार्शनिक चिन्तन, अनुचिन्तन के विषय होते हैं।

दर्शन क्या है? इसे समझने के लिए हमने कई स्थलों पर पहले यह बताने की कोशिश की है कि दर्शन क्या नहीं है। जब हम यह समझ लेते हैं कि दर्शन क्या नहीं है तब हमारे लिए यह समझना आसान हो जाता है कि दर्शन क्या है।

2. Mind and Knowledge in Philosophical Reflection (दार्शनिक अनुचिन्तन में बुद्धि और ज्ञान)

CONSCIOUSNESS on human level is self-consciousness. It is because of being self-conscious that humans are called minded-being. Self-consciousness is awareness of the objects it flashes and of itself as well because of which we make a distinction between objects of knowledge and the knowledge of that knowledge of the objects. There is no otherness in the knowledge while the objects of that knowledge may be the object of other knowledge. "Otherness" is the character of objects of knowledge.

Mind is a flashing consciousness. It is by taking the objects it flashes that it is self-consciousness and that makes the reflective activities possible. The objects the mind flashes are intelligible beings that we know. Our knowledge is confined to these intelligible objects/thoughts the mind flashes. Overlooking this perspective of understanding the mind is taken differently as a system of knowledge or ideas given innately; a machine that produces knowledge; a bundle of ideas; a faculty that constructs knowledge on the basis of its apriory categories, and the sense-experiences and likewise. Concentrating on human as the self-conscious being we observe that mind is not a machine that produces knowledge; it is not like a factory that manufactures knowledge and knowledge is not a product. Mind as we think is a flashing consciousness. Flashings (intelligible objects) are lights of consciousness. They are thoughts or ideas, the intelligible beings. It flashes always in present. All flashings are new and there are no simultaneous flashings. Nature of synchronizing function or happenings of self-consciousness is such that it flashes only in the present and by the next flash of which the earlier becomes the past, a part of memory because flashing is its nature. Memory becomes a part of its braininess only because of self-consciousness. Mind does not exhaust in one or many of its flashings because flashingness is its nature. Even memory is known so only when it flashes in present. The objects that it flashes are intelligible beings of awareness in nature. It is because of being self-consciousness that humans are reflecting beings. Reflecting is an occasional activity of rare minds. When it confronts with a problem it reflects to resolve that. Philosophy concerns with intelligible objects of awareness in nature; it is a cognitive activity par excellence.

Philosophical reflections are needed for satisfaction of rational hunger of the mind that confronts with a problem. No problem is problem for itself. All problems are at thought level the mind confronts. That is the reason that the problems concerning any discipline are analysed, clarified and resolved by philosophical reflections for clarity, concept and wisdom. There is no philosophy of philosophy because reflections on problems of philosophies and other disciplines are still philosophy. It is needed because that which flashes is the cause of incentive to our duties, dos and don'ts. If the flashings are imposed on our desires, interests and intention that vary from person to person, then the right cause of incentive of the duties is deviated and interested. These are some of the reasons that any such claim by the scientific theories that "knowledge is confined to scientific knowledge that can be tested empirically by senses and proved by scientific experiments and therefore there is no need of philosophy for the study of knowledge" is baselessly deceptive, imperialistic and hence rejected.

मानवीय चेतना स्व-चेतना है। स्व-चेतन होने के कारण ही मानव को बौद्धिक प्राणी कहा जाता है। स्व-चेतन का तात्पर्य है कि चेतना विषयों को प्रकाशित करती है और प्रत्येक विषय को प्रकाशित करते हुए यह उसकी स्व-चेतना भी होती है जिसके कारण हम "विषयों के बोध" और "विषयों के बोध की स्व-चेतना" में अन्तर करते हैं। बोध या ज्ञान में परत्व या विषयत्व नहीं होता जबकि जो बोध के विषय होते हैं वे दूसरे बोध के विषय भी बन सकते हैं। परत्व बोध के विषयों का लक्षण है।

मानवीय बुद्धि (mind) प्रकाशित होने वाली चेतना है और जो कुछ विषय यह प्रकाशित करती है उसी को लेकर यह स्व-चेतन होती है तथा चिन्तन और अनुचिन्तन सम्भव हो पाता है। जिन विषयों को बुद्धि प्रकाशित करती है वे बुद्धिगम्य विषय हैं और हम उन्हें ही जानते हैं। हमारा ज्ञान इन बुद्धि प्रकाशित विषयों अर्थात् उन विचारों तक ही सीमित है जिसे बुद्धि प्रकाशित करती है। इस दृष्टि की उपेक्षा करके प्रायः बुद्धि को एक प्रदत्त विचारों का तन्त्र; एक मशीन जो ज्ञान का उत्पादन करती है; एक विचारों की पोटली; एक ऐसा निकाय जो अपनी प्रदत्त वर्गणाओं और इन्द्रियानुभव के आधार पर ज्ञान उत्पन्न करती है, इन रूपों में भिन्न-भिन्न प्रकार से समझा जाता है। स्व-चेतन प्राणी के रूप में मानव पर ध्यान केन्द्रित करने पर यह स्पष्ट हो जाता है कि बुद्धि ज्ञान उत्पन्न करने की कोई मशीन नहीं है यह ज्ञान का निर्माण करने वाला कोई कारखाना नहीं है और न ही ज्ञान कोई उत्पाद है। बुद्धि जैसा कि हम समझते हैं एक प्रकाशित होने वाली चेतना है। प्रकाश्य विषय चेतना के प्रकाश हैं, विचार या बोध-सत्ता हैं। यह सदैव वर्तमान में ही प्रकाशित होता है। बुद्धि के प्रकाश सदैव नवीन होते हैं और कोई प्रकाश युगपद् प्रकाशित नहीं होता। स्व-चेतन के प्रकाश के साथ-साथ होने (synchronizing) की क्रियाओं वाला स्वरूप कुछ इस तरह का होता है कि यह हमेशा वर्तमान में ही प्रकाशित होता है और अगले प्रकाश के प्रकाशित होने पर अतीत या भूत हो जाता है, जो स्मृति का विषय या स्मृति का भाग बन जाता है। चूँकि मानव स्व-चेतन होता है स्मृति मस्तिष्क का अंग बन जाती है। एक बार प्रकाशित होने या अनेक बार प्रकाशित होने में ही बुद्धि समाप्त नहीं हो जाती क्योंकि इसका स्वभाव ही है प्रकाशित होना। यहाँ तक कि स्मृति का ज्ञान स्मृति के रूप में तभी होता है जब वह वर्तमान में प्रकाशित होती है। जिन विषयों को बुद्धि प्रकाशित करती है उन्हें हम बोध रूप, बौद्धिक या बोध्य-सत्ता कहते हैं। स्व-चेतन होने के कारण ही मानव एक अनुचिन्तन (reflecting) करने वाला प्राणी है। अनुचिन्तन एक विरले बुद्धि की

आकस्मिक क्रिया है। जब बुद्धि किसी समस्या से टकराती है तो उस समस्या के समाधान के लिए उस पर अनुचिन्तन करती है। दर्शनशास्त्र का सम्बन्ध चित्तस्वरूप बोध-विषयों से है; यह उत्कृष्ट संज्ञानात्मक या बोध-प्रक्रिया है।

किसी समस्या से टकराने वाली बुद्धि की बौद्धिक भूख की सन्तुष्टि के लिए दार्शनिक अनुचिन्तन की आवश्यकता होती है। कोई भी समस्या अपने लिए समस्या नहीं होती। सभी समस्याएँ जिनसे बुद्धि टकराती है वैचारिक होती हैं। यही कारण है कि किसी अनुशासन (disciplines) से सम्बन्धित समस्याओं की स्पष्टता, समझ (सम्प्रत्यय) और विवेक के लिए विश्लेषण, स्पष्टीकरण और उसका समाधान देने के लिए दार्शनिक चिन्तन या अनुचिन्तन करते हैं। "दर्शन का दर्शन नहीं होता" क्योंकि उन दर्शनों और दूसरे अनुशासनों की समस्याओं पर जो हम अनुचिन्तन करते हैं वह भी दर्शन ही होता है। ज्ञान पर अनुचिन्तन की आवश्यकता होती है क्योंकि बुद्धि में प्रकाशित ज्ञान ही हमें क्या करना चाहिए और क्या नहीं करना चाहिए से सम्बन्धित हमारे कर्त्तव्यों की प्रेरणा का कारण होता है। अगर ये प्रकाशित विचार हमारी इच्छाओं, रुचियों और अभिप्रायों पर जो कि प्रत्येक व्यक्ति में पृथक्-पृथक् हो सकती है, आरोपित होती है तो कर्त्तव्य की वास्तविक प्रेरणा से भटकाव होता है। वास्तविक प्रेरणा तो वास्तविक ज्ञान से होती है न कि रुचियों और अभिप्रायों पर इसके आरोपण से। ये कुछ कारण हैं जिसके आधार पर किसी भी वैज्ञानिक सिद्धान्त के ऐसे दावे को कि "हमारा समस्त ज्ञान वैज्ञानिक ज्ञान तक सीमित है, जिसका हम इन्द्रियानुभव से निरीक्षण-परीक्षण कर सकते हैं और वैज्ञानिक प्रयोगों द्वारा सिद्ध कर सकते हैं" और इसीलिये "ज्ञान के अध्ययन के लिए दर्शनशास्त्र की आवश्यकता नहीं है" को आधारहीन, भ्रामक और साम्राज्यवादी सिद्ध करता है और अस्वीकार करता है।

3. Etymological Meaning of Philosophy (दर्शन का व्युत्पत्तिमूलक अर्थ)

Generally, the Sanskrit term *darśana* is taken as synonym of the English term "philosophy" which has its origin from two Greek words – *philos* (love) + *sophia* (wisdom or knowledge) – and is interpreted as "love for knowledge or wisdom". Are these two terms belonging to two different cultures, synonyms? If it is yes, what are the grounds and justifications for such an agreement? The word *darśana* is made of root *dr̥ś* and is taken for the meaning to have vision, to perceive, to see, to look at, to observe, to investigate, etc. Perceiving or seeing is performed by senses and the senses perceive the objects of their own for which they are naturally fit. Seeing, for ordinary men, is confined to the perception of external things, which are objects of senses. Philosophers' "seeing" is concerned with perceiving thoughts. They perceive thoughts and reflect on them for a clear and distinctive understanding of knowledge. Knowledge is light; it is the guide to life and the incentive to the activities of individual or group. If the thoughts are not clear and distinct, they may not function for guiding and providing proper incentive for activities in life. Knowledge is Reality and, in case of some confusion or ignorance, we reflect on knowledge of the objects we know for clarity and conception. For this "cognitive activity par excellence", we coin the term "philosophy" in Western and *darśana* in Indian tradition. The two traditions love wisdom, analyse, reflect on and interpret knowledge as the highest value. Despite of their differences in approaching wisdom, the two traditions involve in reflecting and investigating the knowledge because the acquisition of knowledge provides bliss. Knowledge is always determinate and this determination, isolated from language that infuses knowledge, is not a possibility.

Two extreme but popular views are generally taken. According to the opinion of one group, in the present age of materialistic need, philosophy has no future of its own because of simple reason that it cannot satisfy the material desires and needs. The other group thinks that materialistic spirit has destroyed mental peace and has deserted human life. Therefore, as a remedy, *yoga*, ethics and spiritualism, in an easy and consolidated form, should be the future of philosophy. The former view does not give importance to values, mental peace and harmony while the latter, being a consolidated course to be followed or practised does not give importance to any enhancement and enrichment of thoughts. The former is a prediction lacking insight, while thc latter is a practice lacking philosophical interest.

We usually perceive things in the world and beyond in two ways that are either as of an accomplished (*siddha*) or of a non-accomplished character (*asiddha*). From the former perspective, all the things for which we use nouns and for the indication of which we use pronouns are of finished character and the latter is the action (*kriyā*) of a non-finished/accomplished character for which we use verbs. The former is approached by metaphysicians who believe in a trans-empirical reality and also by the empiricist as well who reject any trans-empirical reality. Taking the former, the metaphysicians frame their system in which they place action or dynamism as subordinated to metaphysical entities either as the quality of the trans-empirical substance or the dynamic nature of substance. Again, they take the quality either as appearance of the reality or the real quality. Similarly, those who take dynamism as the real principle or the dynamic reality very like the way former interpret it as of accomplished character. Those who take reality as static or rest explain motion as the dynamic mode of the rest; the dynamism comes from the rest and contrary to it those who accept reality as dynamic explain the rest as a slow to slowest modes of motion.

Another metaphysical view is also very important in the history of thinking on reality and that is the reality is beyond description. Motion and rest, individual and universals that we know are just our ascription, attribution, projections or imposition on the reality. Ontologists like Hegel give argument against metaphysics that dissolves in the formation and knowledge of concept/ thought. Knowable things (*prameya*) by definition are clear. Does consciousness and so is knowledge fall under this purview? If it does not, then the question arises: "is consciousness a knower?" Knower is relative to the knowable because something is knower in relation to knowing something. If it is neither known nor a knower, how can we accept its existence? There is no "otherness" of knowledge. Otherness is the quality of the thing we know. Thus, knowledge is self-awareness of the awareness of an object. Upaniṣads say that conscious is neither a knowable thing nor a knower but that it is self-awareness of the knower's knowledge of the object. It does not alter its nature. *Na hi dr̥ṣṭurdr̥ṣṭeviparilopo vidyate ..., vināsitvāt* (*Br̥UP* 4.3.23). The viewpoint is clear that consciousness is neither the object nor the agent, and, hence, not a *prameya* (the object) to be known by sources of knowledge.

Philosophers, who reduce all knowledge to empirical, refute the metaphysics of beyond and theorize a frame of metaphysics based on empirical. For them, no statement of reality is valid if it is not verified on the basis of referent in the empirical world. We observe metaphysics as metaphysics and nothing excels if it is divided into metaphysics of transcendental and metaphysics of empirical. For philosophers, knowledge is empirical and that is settled on scientific observations, verification and testification of truth. However, it raises question against the future of philosophy. If all knowledge is scientific there is no need of philosophy. Let us discuss these problems one by one pointedly.

सामान्यरूप से, संस्कृत पद "दर्शन" को अंग्रेज़ी के "फ़िलॉसफ़ी" पद के पर्याय के रूप में लिया जाता है। "फ़िलॉसफ़ी" शब्द ग्रीक पदों "फ़िलॉस्" (प्रेम) और "सोफ़िया" (प्रज्ञा या ज्ञान) से बना है जिसका अर्थ है – "ज्ञान के प्रति प्रेम" या "ज्ञानानुराग"। क्या भिन्न-भिन्न संस्कृतियों के ये दोनों पद समानार्थक हैं? यदि हाँ, तो इस सहमति के लिए आधार और उचित तर्क क्या है? "दर्शन" पद "दृश्" धातु से बना है जिसका अर्थ है – दृष्टि, अन्तर्दृष्टि का होना, अनुभव करना, प्रत्यक्ष होना, देखना, निरीक्षण करना, जाँच-पड़ताल करना, इत्यादि। प्रत्यक्ष होना या देखने का कार्य इन्द्रियों द्वारा होता है और प्रत्येक इन्द्रियाँ अपने ही विषय का प्रत्यक्ष करती हैं क्योंकि उन विषयों के प्रत्यक्ष के लिए ही वह नैसर्गिक रूप से सक्षम होती हैं। (आँख रूप को, कान ध्वनि (शब्द) को, घ्राण गन्ध को, जिह्वा स्वाद को, त्वचा स्पर्श को ही ग्रहण कर सकता है न कि एक दूसरे के विषयों को।) साधारण मनुष्य के लिए देखना इन्द्रियों के विषय बाह्य वस्तुओं के प्रत्यक्ष तक ही सीमित होता है। दार्शनिक का देखना विचारों के देखने से सम्बन्धित है। वे विचारों को देखते हैं और ज्ञान के स्पष्ट तथा निश्चयात्मक-बोध के लिए उन पर अनुचिन्तन करते हैं। ज्ञान प्रकाश है; यह जीवन का दिशा-निर्देशक और व्यक्ति या व्यक्तियों

के समूह की क्रियाओं का प्रेरक है। अगर विचार विशेषीकृत और स्पष्ट नहीं हुआ तो निर्देशन का कार्य नहीं कर सकेगा और जीवन की क्रियाओं के लिए उचित प्रेरणा भी नहीं देगा। ज्ञान सत् है और इसके बारे में कोई भ्रम होने या अज्ञानता की स्थिति में हम स्पष्ट सम्प्रत्यय के लिए ज्ञान के विषयों पर अनुचिन्तन करते हैं। इस उत्कृष्ट बौद्धिक क्रिया के लिए पाश्चात्य परम्परा में "फ़िलॉसफ़ी" और प्राच्य परम्परा में "दर्शन" पद का प्रयोग होता है। दोनों परम्पराएँ ज्ञानानुरागी हैं, वे ज्ञान का विश्लेषण करती हैं, अनुचिन्तन करती हैं और सर्वोच्च मूल्य के रूप में उसकी व्याख्या करती हैं। विवेक को समझने-समझाने की भिन्न-भिन्न पद्धतियाँ होने के बावजूद दोनों परम्पराएँ अनुचिन्तन की क्रिया करती हैं और ज्ञान का अनुसन्धान करती हैं क्योंकि ज्ञान प्राप्ति से आनन्द की उपलब्धि होती है। ज्ञान सदैव निश्चित होता है और यह निश्चयात्मकता ज्ञान की भाषानुविद्धता के बिना सम्भव नहीं है।

सामान्यतः दो तरह के अतिवादी परन्तु प्रचलित विचार पाए जाते हैं। प्रथम समूह के अनुसार वर्तमान भौतिकवादी युग (बाज़ारवादी युग) में दर्शन का अपना कोई भविष्य नहीं है क्योंकि सीधी बात यह है कि हमारी भौतिक इच्छाओं और आवश्यकताओं की सन्तुष्टि इससे नहीं हो सकती। दूसरे समूह का विचार है कि भौतिकवादी सोच ने मानसिक शान्ति को नष्ट कर दिया है और मानव जीवन को तबाह कर दिया है। इसलिए इनके प्रतिकार हेतु सरल और संघटित रूप में योग, नैतिकता और आध्यात्मिकता को दर्शन का भविष्य होना चाहिए। पहले वाले समूह का विचार मानसिक शान्ति और सामञ्जस्य को महत्त्व नहीं देता जबकि दूसरे समूह का विचार व्यवहार की सुगठित प्रक्रिया से सम्बन्धित होने से विचारों की सम्पन्नता और उनकी बेहतरी को महत्त्व नहीं देता। पहले वाले समूह का विचार एक पूर्वानुमान (प्रिडिक्शन्) है जिसमें अन्तर्दृष्टि का अभाव है जबकि दूसरा व्यवहार (प्रैक्टिस) समूह है जिसमें दार्शनिक रुचि का अभाव है।

प्रायः हम जगत् और जगत् के परे की चीज़ों को दो तरह से देखते हैं – या तो वह पूर्ण (सिद्ध) होती है या अपूर्ण (असिद्ध/सिद्ध होने की प्रक्रिया में)। पहले दृष्टिकोण से हम सभी वस्तुओं के लिए संज्ञा का प्रयोग करते हैं या सर्वनाम से संकेतित करते हैं। दूसरा दृष्टिकोण असिद्ध पदार्थ या कर्म से सम्बन्धित है जिसके लिए हम क्रिया शब्द का प्रयोग करते हैं। पहला दृष्टिकोण तत्त्वदर्शियों का होता है जो अनुभवातीत सत्ता में विश्वास करते हैं और उन अनुभववादियों का भी होता है जो इन्द्रियातीत तत्त्वों का खण्डन करते हैं। पहले दृष्टिकोण के अनुसार तत्त्वमीमांसक एक ऐसे तन्त्र को बनाते हैं जिसमें क्रिया या सर्जना को गुण के रूप में या तो अनुभवातीत पदार्थों के गुण के रूप में या तत्त्वों की सर्जना-रूप से तत्त्वमीमांसीय पदार्थों पर निर्भर मानते हैं। पुनः वे गुण को या तो सत् मानते हैं या सत् की प्रतीति मानते हैं। इसी

तरह जो लोग सर्जना को वास्तविक सूत्र मानते हैं वे लोग भी सर्जनात्मक सत्ता की ठीक वैसी ही व्याख्या करते हैं जैसा कि पहले वाले पक्ष के तत्त्वमीमांसक व्याख्या करते हैं अर्थात् सिद्ध पदार्थ की तरह व्याख्या करते हैं। जो लोग सत्ता को स्थिर या विराम मानते हैं वे लोग गति को विराम का ही क्रियाशील विकार मानते हैं। अर्थात् गति या सर्जना विराम से आती है इसके विपरीत जो लोग सत्ता को क्रियाशील मानते हैं वे विराम को मंदतम क्रिया स्वीकार करते हैं।

एक दूसरा तत्त्वमीमांसीय मत भी सत्ता सम्बन्धी चिन्तन के इतिहास में बहुत महत्त्वपूर्ण है वह यह कि जो सत् है वह वाणी से परे है। गति और विराम, व्यक्ति और जाति जिन्हें हम जानते हैं वह मात्र व्याख्या सापेक्ष या आरोपण, प्रक्षेपण या सत्ता पर आरोपित होते हैं। हेगेल जैसे सत्तामीमांसीय तत्त्वमीमांसा के विरुद्ध तर्क देते हैं कि यह अपने निर्माण और विचारों या सम्प्रत्ययों के ज्ञान में ही समाप्त हो जाती है।[1] परिभाषा के अनुसार ज्ञेय पदार्थ स्पष्ट होते हैं। क्या चेतना और इसी तरह ज्ञान इस परिधि में आते हैं? अगर नहीं तो प्रश्न उठता है कि क्या चेतना ज्ञाता है? ज्ञाता ज्ञेय के सापेक्ष होता है क्योंकि किसी ज्ञेय के ज्ञान के सापेक्ष ही कोई ज्ञाता होता है। यदि यह (चेतना) न ज्ञेय है और न ज्ञाता है तो हम इसके अस्तित्व को कैसे स्वीकार करेंगे? ज्ञान विषय नहीं बनता; ज्ञान का विषय बनना ज्ञेय का गुण है। जो ज्ञेय हम जानते हैं उसका गुण है विषय बनना और इस तरह ज्ञान ज्ञेय की चेतना के बोध का स्व-बोध होता है (विषय के बोध में चेतना का बोध लगा रहता है।)। उपनिषद् कहते हैं कि चेतना न तो ज्ञाता है न ज्ञेय है अपितु ज्ञाता की स्व-चेतना या ज्ञान है, इसका स्वरूप नहीं बदलता है। "द्रष्टा की दृष्टि का कभी लोप (नाश) नहीं होता, क्योंकि वह अविनाशी है" (बृ॰ उप॰ 4.3.23)। इस तरह यह स्पष्ट है कि स्व-चेतना न विषय है और न विषयी है, इसीलिए यह कोई प्रमेय अर्थात् ज्ञान के स्रोतों द्वारा जानने योग्य ज्ञेय वस्तु या विषय नहीं है।

ऐसे दार्शनिक जो ज्ञान को आनुभविक ज्ञान तक ही सीमित मानते हैं वे इन्द्रियातीत तत्त्वमीमांसा का खण्डन करते हैं परन्तु अनुभव पर आधारित तत्त्वमीमांसा का एक रूप प्रस्तुत करते हैं। उनके अनुसार तत्त्व के बारे में कोई भी कथन तब तक सत्य नहीं होता जब तक आनुभविक जगत् में उनके संवादी वस्तुओं के आधार पर उसका सत्यापन नहीं हो जाता। मेरा मानना है कि तत्त्वमीमांसा तत्त्वमीमांसा है और अनुभव पर आधारित तत्त्वमीमांसा तथा अनुभवातीत की तत्त्वमीमांसा का भेद कर देने से किसी दार्शनिक उत्कर्ष की प्राप्ति नहीं होती। अनुभववादियों के अनुसार ज्ञान आनुभविक है और वैज्ञानिक निरीक्षण, परीक्षण और सत्यापन पर आधारित होता है। बहरहाल यह मत दर्शन के भविष्य के प्रति प्रश्न उपस्थापित करता है कि

---

[1] अर्थात् तत्त्वमीमांसीय प्रत्ययों के ज्ञान और उनकी संरचना में ही वह विगलित हो जाती है।

यदि सभी ज्ञान वैज्ञानिक ज्ञान हैं तो दर्शन की कोई आवश्यकता नहीं है। अब इन समस्याओं के एक-एक बिन्दु पर हम विचार करेंगे।

4. Thinking and Reflecting (चिन्तन और अनुचिन्तन)

PHILOSOPHY is the discipline of reflecting upon the problems involved in conceptuality of the concepts. Difference between the concept and conception of the concept is well known to those trained in the discipline. Concepts are ubiquitous ideas. Our communication is based on the identical cognition in between the speaker and the audience, and this is possible because the concept is revealed in both – in a speaker before he speaks and in the audience after the grasping of the garbs spoken by the former. This may alter in case of conceptualization of the concept. Conceptions are not ubiquitous. They are formed. The same concept is embodied in a multitude of conceptions with the difference of attention, articulation and cultural allegiances of the persons. Conceptualization of the concept may form conceptions of the same concept differently. For instance, the concept of "man" is the same for all but Śaṅkara, Rāmānuja, Tagore, Vivekananda, Aurobindo's and all system-makers' conceptions of man differ from one another. However, if the conceptions of the speaker and the audience are non-different or embody the same flashing of the concept, there is the possibility of mutual understanding, sharing and communication. The concept is communicable but when it is articulated through the garb or dressed up with our allegiances, communication may alter or may not take place with the deviation from the concept as it is popular in communication. Concepts are universal in nature; all the individuals belonging to a class reside in the specific universal and they manifest that universal because of which the identical cognition of them is accomplished. To express the universal, we use garbs that are individuals and that manifest the concept embodied through our allegiances because of which multitude of conceptions of the same concept emerges. Therefore, let us first clarify the views about the nature of thinking and reflecting:

i. There is difference between thinking and reflecting. All disciplines occupy with thinking but reflecting on the problems caused in this or that thinking or ideology is concerned with philosophical reflections. Other disciplines think about the conceptions while philosophy reflects on problems involved in the conceptualization of those conceptions for clarity and wisdom; conceptualization by thinking is enriched in proportion to the information one gathers from tradition and modernity. Conceptual thinking in this view is complete if it is advanced with the latest conceptions formed in different disciplines of thinking. The scholars doing it are supposed to be the masters of the thinking on the concepts. This is what most of the scholars do in the name of philosophizing. But philosophy is not confined to that stereotyped thinking. It is a cognitive activity par excellence in the sense that in a philosophical reflection one becomes self-conscious of the problems emerged in thinking or in the conceptuality of a concept. It is a direct dialogue with the problems confronted of which one becomes conscious of and the dialogue stops the moment the problem is clarified. It is, in brief, a reflection that starts with one or the other problem or confusion caused out of analysis of cognition and stops when the problem is removed or when a solution to the problem flashes forth and self-conscious activity gets freedom from that problem.

ii. Human persons think, speculate and perceive the world around them. Their thoughts may belong to the categories, viz. physiological, psychological, logical, cosmological, ontological, metaphysical, epistemological, axiological, etc. These speculations are housed in philosophy because of the idea that their contents figure as the object in a philosophical reflection. "When the mind reflects on the self or consciousness as the immediacy, reflection is called subjective and in the objective reflections, consciousness instead of turning upon itself goes forward to an object that confronts consciousness." All thoughts and theories stand proper only as objects of philosophical reflections and only that way it can be said that philosophy is nothing but reflective awareness. However, it cannot be said that it talks about a metaphilosophy or philosophy of philosophies because the latter also stands as object in a philosophical reflection. Therefore, there is no knowledge of knowledge, no spirit of the spirit and likewise philosophy of philosophies. Philosophy of the philosophies is also a philosophy.

दर्शनशास्त्र सम्प्रत्ययों की समझ से सम्बन्धित समस्याओं पर अनुचिन्तन का शास्त्र है। इस शास्त्र में जो प्रशिक्षित होते हैं वे बेहतर तरीक़े से जानते हैं कि सम्प्रत्यय और सम्प्रत्यय के सिद्धान्तीकरण में भेद है। सम्प्रत्यय सर्वगत होते हैं। वक्ता और श्रोता के बीच एकक बोध पर हमारा व्यवहार आधारित होता है और ऐसा सम्भव होने का कारण यह है कि वक्ता और श्रोता दोनों में सम्प्रत्यय का प्रकाश होता है। वक्ता में बोलने के पहले और श्रोता में सुनने के बाद सम्प्रत्यय का प्रकाश होता है। किन्तु, सम्प्रत्यय की अवधारणात्मकता में ऐसी बात नहीं भी हो सकती । अवधारणाएँ सर्वगत नहीं भी हो सकती। व्यक्तियों की सांस्कृतिक वासनाओं, अभिव्यक्तियों और उनके अवधान (अटेंशन) के भेद से ये बनती हैं। हम एक ही सम्प्रत्यय की अनेक अवधारणाएँ बनाते हैं अर्थात् उसी सम्प्रत्यय से भिन्न-भिन्न सैद्धान्तिक अवधारणाएँ बना दी जाती हैं। दृष्टान्त के लिए "मनुष्य का सम्प्रत्यय" तो वही है। किन्तु, शंकराचार्य, रामानुज, टैगोर, विवेकानन्द, श्री अरविन्द, तथा अन्य सभी सम्प्रदाय बनाने वालों की मनुष्य सम्बन्धी अवधारणाएँ एक-दूसरे से भिन्न हो जाती हैं। जो भी हो अगर वक्ता और श्रोता दोनों की अवधारणाएँ अभिन्न हैं अथवा दोनों में समान सम्प्रत्यय प्रकाशित होते हैं तो परस्पर समझ, भागीदारी और संवाद सम्भव होगा। सम्प्रत्यय में संवादिता होती है परन्तु जब हम अपनी वासना में रंगकर इसे ध्वनियों और लिपियों द्वारा व्यक्त करते हैं तो संवादिता परिवर्तित हो जाती है या व्यवहार में प्रसिद्ध सम्प्रत्यय से भटकाव व्यवहार को बाधित करता है या व्यवहार नहीं हो पाता। सम्प्रत्यय स्वरूपतः सामान्य (जाति) होते हैं। किसी एक जाति से सम्बन्धित सभी व्यक्ति उस जाति विशेष के आश्रय में होते हैं और वे उस सामान्य को अभिव्यक्त करते हैं जिसके कारण

(भाषा से) तादात्म्य बोध होता है। जाति को अभिव्यक्त करने के लिए हम ध्वनियों, लिपियों अर्थात् वर्णों का उपयोग करते हैं और व्यक्तियों की वासना दृष्टि से ही सम्प्रत्यय को व्यक्त करते हैं जिसके कारण किसी भी सम्प्रत्यय से भिन्न प्रकार की अवधारणाएँ बनती हैं। इसलिए पहले हम चिन्तन और अनुचिन्तन के स्वरूपगत दृष्टिकोण को स्पष्ट करेंगे।

1. चिन्तन और अनुचिन्तन में भेद है। सभी तन्त्रों में चिन्तन होता हैं किन्तु इस या उस चिन्तन में या विचारधारा से जो समस्याएँ उत्पन्न होती हैं उस पर हम अनुचिन्तन करते हैं जिसे हम दर्शन (दार्शनिक क्रिया) कहते हैं। दूसरे तन्त्र अवधारणाओं पर सोचते हैं जबकि दर्शनशास्त्र उन अवधारणाओं के प्रत्ययीकरण में जो समस्याएँ उत्पन्न होती हैं उन पर अनुचिन्तन करता है ताकि सम्प्रत्यय के बारे में स्पष्टता और विवेक प्राप्त हो सके। प्राचीनता और आधुनिकता से संग्रहीत सूचनाओं के अनुपात में हमारा चिन्तन प्रत्ययीकरण को समृद्ध करता है। विभिन्न तन्त्रों के अभिनव विचारों पर चिन्तन से जो नवीन अवधारणा बनती है उनसे हमारा अवधारणात्मक चिन्तन पूर्ण होता है। जो विद्वान् इस तरह की क्रिया करते हैं उन्हें हम सम्प्रत्यय पर चिन्तन का विशेषज्ञ मानते हैं। दार्शनिकीकरण के नाम पर बहुत सारे विद्वान् ऐसी ही क्रिया करते रहे हैं लेकिन इस तरह के रूढ़िबद्ध चिन्तन तक ही दर्शनशास्त्र सीमित नहीं है। यह उच्च कोटि की बोधमूलक क्रिया इस अर्थ में है कि दार्शनिक अनुचिन्तन में दार्शनिक चिन्तन या सम्प्रत्यय के अवधारणीकरण में जो समस्याएँ उत्पन्न होती हैं उनके प्रति दार्शनिक स्व-चेतन क्रिया करता है। वह जिन समस्याओं से टकराता है उनके प्रति चेतन होता है, उन समस्याओं के साथ प्रतिक्रिया करता है और यह संवाद तब समाप्त होता है जब अनुचिन्तन द्वारा समस्या स्पष्ट हो जाती है। संक्षेप में, किसी चिन्तन में कोई न कोई समस्या अथवा बोध के विश्लेषण से उत्पन्न संशय से अनुचिन्तन आरम्भ होता है और जब समस्या समाप्त हो जाती है अथवा समस्या का समाधान प्रकाशित हो जाता है तब स्व-चेतनात्मक क्रिया (अनुचिन्तन) उस समस्या से मुक्त हो जाती है।

2. मनुष्य अपनी दुनिया के चारों ओर परीक्षण और अवलोकन करता है, सोचता है तथा चिन्तन करता है। उसके विचार शारीरिक, मनोवैज्ञानिक, तार्किक, सृष्टिमीमांसीय, सत्तामीमांसीय, तत्त्वमीमांसीय, ज्ञानमीमांसीय, मूल्यमीमांसीय आदि कोटियों से सम्बन्धित हो सकते हैं। इन सभी कोटियों से सम्बन्धित चिन्तन दर्शन के अन्तर्गत माने जा सकते हैं क्योंकि उनके भी विषय समस्या के रूप में दार्शनिक अनुचिन्तन के विषय बनते हैं। "जब बुद्धि स्व-चेतन होती है या बिना किसी माध्यम के साक्षात् स्वयं पर अनुचिन्तन करती है तब उसे विषयी-परक अनुचिन्तन कहते हैं और जब

यह स्वयं अपनी तरफ़ न मुड़कर बाहर के विषयों जिनसे ये टकराती है उनको विषय करके चिन्तन करती है तो वह वस्तुगत-अनुचिन्तन होता है।" सभी विचार, मत और सिद्धान्त दार्शनिक चिन्तन, अनुचिन्तन के विषय के रूप में ही संगत होते हैं और इस तरह से हम कह सकते हैं कि दर्शन अनुचिन्तनात्मक बोध है। बहरहाल हम यह नहीं कह सकते कि यह अनुचिन्तन दर्शन-मीमांसा (मेटाफ़िलासफ़ी) या दर्शनों का दर्शन है क्योंकि वे भी दार्शनिक अनुचिन्तन के विषय बनते हैं। अर्थात् वह भी दार्शनिक अनुचिन्तन ही होते हैं। इस तरह ज्ञान का ज्ञान, आत्मा की आत्मा और उसी प्रकार दर्शनों का दर्शन नहीं होता; क्योंकि दर्शनों पर दार्शनिक अनुचिन्तन भी दर्शन ही होता है।

5. Language, Thought and Reality (भाषा, विचार और सत्)

Most of the problems in philosophy arise out of wrong conception that language, thoughts and reality are independent from each other. Thoughts are again dividedly understood as rational in some theories and as spiritual in some other theories out of which the former is relegated by the latter in spiritualistic philosophies. Similarly, some consider reality as physical, some others as spiritual, whereas, language in most of the cases is considered as linguistic, a material product, a reference or a representation of the reality. Theorists observe reality as metaphysical, physical, empirical, logical, ideational, revealed and in so many kinds. The trio of language, thought and reality in representationist's view is such that it appears mechanical. The reality outside is perceived or inferred and the thought of reality is formed by mind and in order to convey the thought the language is brought forward as a tool. Thus, the reality and thought are separate in nature and the reality constructed into thought is different from the reality the language communicates. The most repeated view is that thought is original and is different from language that is employed later to express the thought. Reality is different from the thought and language; the language is used to represent or refer to the reality of which we have acquired thought by perception or experience. The whole corpse of the systems is a remedy to make the process of understanding the thought, language and reality. Philosophically, the position is different. Whenever we know, think or reflect on a reality, we never find it naked without language. There is no thought that we have and we do not know and that we know is always infused with language. Isolated from language, no thought, no reality is thinkable. The reality we know is confined to thought and thoughts are not only infused with but are expressed by language also.

We know a reality as the language presents it and the reality transcending language is a mystery and, hence, of no philosophical importance.

अधिकतम दार्शनिक समस्याएँ इस ग़लत अवधारणा से उत्पन्न होती हैं कि भाषा, विचार और सत् एक-दूसरे से निरपेक्ष हैं। विचारों में भी हम कुछ सिद्धान्तों में बौद्धिक और कुछ में आध्यात्मिक मानकर भेद करते हैं जिसमें आध्यात्मिक दर्शन-सम्प्रदायों द्वारा बौद्धिक विचारों को अलग किया जाता है। इसी प्रकार कुछ चिन्तक सत् को भौतिक मानते हैं, कुछ आध्यात्मिक मानते हैं; जबकि इनमें से अधिकांशतः भाषा को भाषीय मानते हैं। भौतिकवादी भाषा को सत् का संकेतक, सन्दर्भ या प्रतिनिधि मानते हैं। सिद्धान्ती लोग सत् को तात्त्विक, भौतिक, आनुभविक, तार्किक, आभासिक, प्रकाशित और अनेकों प्रकारों से बताते हैं। प्रतिनिधि सिद्धान्त (representative theory) में भाषा, विचार और सत् की त्रयी को इस तरह से बताया गया है कि वह यान्त्रिक लगता है। इसके अनुसार हम बाह्य सत् का प्रत्यक्ष या अनुमान करते हैं। उससे बुद्धि सत् का विचार बनाती है और उस विचार को व्यक्त करने के लिए भाषा एक उपकरण के रूप में काम में लाई जाती है। इसलिये सत् और विचार स्वभावतः पृथक् हैं और विचारों में संरचित सत्, भाषा द्वारा व्यक्त सत् से भिन्न हैं। यह मत बार-बार आता है कि विचार मौलिक होते हैं और भाषा से पृथक् होते हैं; और विचार को अभिव्यक्त करने के लिए हम भाषा को काम में लाते हैं। विचार और भाषा से सत् भिन्न है; सत् को देखने या अनुभव करने से जो विचार बनते हैं, उन विचारों के प्रतिनिधि के रूप में या सत् के संकेतन के लिए भाषा का प्रयोग करते हैं। इस विचार तन्त्र की जो पूरी संरचना है वह सत्, विचार और भाषा की प्रक्रिया को समझाने से सम्बन्धित एक उपाय है। दार्शनिक दृष्टि से स्थिति भिन्न होती है।

जब भी हम सत् को जानते हैं, उस पर चिन्तन या अनुचिन्तन करते हैं तो उसे भाषा से रहित नहीं बल्कि भाषा में ही कर पाते हैं। हम यह नहीं कह सकते कि हमारा कोई भी विचार जो हमें प्रकाशित करता है उसे हम नहीं जानते हैं और जब भी हम उस विचार को जानते हैं तो वह भाषा से अनुविद्ध ही होता है। भाषा से अलग करके किसी भी विचार, किसी भी सत् के बारे में हम सोच ही नहीं सकते। जिस सत् को हम जानते हैं वह विचार रूप होता है और वह विचार भाषा से अनुविद्ध ही नहीं बल्कि भाषा से प्रकाशित भी होता है। किसी भी सत् को हम उसी रूप में जानते हैं जिस रूप में भाषा उसे प्रकाशित करती है; और भाषा से परे सत् एक रहस्य हो सकता है किन्तु उसका कोई दार्शनिक महत्त्व नहीं होता।

6. Is Philosophy Metaphysics?
(क्या दर्शनशास्त्र तत्त्वमीमांसा है?)

Philosophy is taken by metaphysicians as a vision of reality, description of the vision of the ultimate reality, speculation into the substance as it is, etc. If this is philosophy, then doing philosophy is limited to metaphysical speculations that claim to have that vision; they claim to know the reality as such and to have dialogue with the reality.

In traditional practices, metaphysics is taken as a theory that involves determining the real or ultimate nature of things and questions arise about the reality of external things, their kinds, modes and epistemology based on proving them. Modern thinkers take the term for the study of things transcendental to what we do not know but have more intrinsic reality and value than the empirical things. We use the term "metaphysical thing" for thing-in-itself without splitting it into transcendental and empirical. More precisely, we have taken the term "metaphysics" in the sense of a mode of thinking in which the thought and the thing or the essence of thing – empirical or transcendental – are considered exterior to language that refers to or represents them only. However, in both the senses metaphysical things are transcendental and independent from the language. The scholars of repute have criticized "metaphysics" as a course of proper philosophy and metaphysical things as the object proper of cognition. Scholars have given different sets of arguments for the refutation of metaphysics; we are not repeating them here. My argument follows thus. Being transcendental to knowledge, thing-in-itself – metaphysical or physical – is not the object of knowledge. Objects of knowledge, to our mind, are all intelligible beings, which are not only expressed by but are infused by language also. I have made a difference between the thing-in-itself and the being. By the term "being" I mean the flashing of the concepts, an idea/thought, an object of awareness in nature, the object that is expressed in the mind by language. This is not the case with the thing-in-itself exterior to language. For philosophers, ideas or thoughts as figure in cognition are also existences. They are intelligible existences. Objects belonging to past, present and future figure thus because the language presents them so. If philosophy is a cognitive activity par excellence, then the intelligible beings are only objects of a philosophical reflection and, therefore, they are philosophical objects. We know the intelligible objects in contrast to the thing-in-itself that, according to realists and idealists, exist independently of knowledge. By the term "thing" we always mean the thing-in-itself in Kantian jargon, the reality isolated from language. The thing-in-itself independently of language is independent from its cognition. The view of the reality isolated from language and cognition goes against metaphysics.

We ask a question: why is there philosophy at all? What is the truth of saying "none of us (or all of us) is a philosopher?" If philosophy is taken as the construction of metaphysics, it will be a subjective activity of the metaphysicians, their intellectual game. If it is taken as a seer's speculation, then a philosopher is a person gifted with the divine revelation and then it will not be different from mystical experience and then none of us in that sense is a philosopher.

Different from the aforementioned metaphysical view, philosophy, for us, begins with some problem caused when we confront some or the other senses of illusion, doubt, confusion, inconsistency, incompleteness become reflective and the reflecting on continues till the problem is clarified and the confusion is removed. The removal of the problem is not the end of philosophical reflection because the man, being a rational animal, may again confront with some or the other problem. This is relational to his rational hunger. Thus, the problems caused out of certain rationalization, conceptualization with which we confront in the process of understanding, rationalizing, analysing and interpreting, some conceptions invite philosophical reflections that continue till clarity and completeness of concept popular in communication are accomplished. Anybody who confronts with the problems reflects on that and is dedicated to such a self-conscious activity for a clear vision of the concept, as it figures in communication, is a philosopher.

तत्त्वमीमांसकों द्वारा दर्शन को सत् की दृष्टि, परम सत् की दृष्टि की व्याख्या, तत्त्व को यथार्थ रूप में देखने की परिकल्पना आदि के रूपों में लिया जाता है। अगर यह दर्शन है तो दार्शनिक क्रिया करना उस तत्त्वमीमांसीय दृष्टि तक ही सीमित होगा जो सत् के साथ संवाद का दावा करता है। तत्त्वमीमांसकों का दावा है कि वह सत् जैसा है उस रूप में उसे जानते हैं।

परम्परया तत्त्वमीमांसा सत् या किसी वस्तु के परम स्वरूप[2] को निर्धारित करने वाले सिद्धान्त, तथा बाह्य वस्तुओं की सत्ता के बारे में, उनके प्रकार भेद के बारे में उठने वाले प्रश्नों और उनकी सिद्धि पर आधारित ज्ञानमीमांसा को सम्मिलित करता है। आधुनिक विचारक "तत्त्वमीमांसा" शब्द का सम्बन्ध अनुभवातीत वस्तुओं जिन्हें हम नहीं जानते परन्तु जिनकी अपने-आप-में सत्ता और मूल्य आनुभविक तत्त्वों से अधिक मानी जाती है, के अध्ययन से लेते हैं। तत्त्वमीमांसीय वस्तु पद को आनुभविक और अनुभवातीत इन दो भागों में बाँटे बिना ही "सत् जो अपने-आप-में है"(thing-in-itself), इस अर्थ में हम प्रयोग करते हैं। संक्षेप में, हमने चिन्तन के उस अर्थ में तत्त्वमीमांसा को लिया है जिस अर्थ में वह विचार और वस्तु या वस्तु का सार चाहे वह आनुभविक हो या अनुभवातीत हो, को भाषा से बाह्य मानता है और

[2] वस्तु जैसा अपने आप में है, न कि शब्दों से जैसा प्रकाशित होता है।

भाषा उसका संकेत मात्र करती है या उसका प्रतिनिधित्व करती है। जो भी हो दोनों दृष्टियों से तत्त्वमीमांसीय वस्तुएँ इन्द्रिय अगोचर और भाषा से स्वतन्त्र होती हैं। कुछ लब्धप्रतिष्ठित विद्वानों ने तत्त्वमीमांसा को उचित दार्शनिक क्रिया नहीं माना है और तत्त्वमीमांसीय वस्तुओं को बोध का उचित विषय भी नहीं माना है। तत्त्वमीमांसा के खण्डन के लिए इन विद्वानों ने भिन्न-भिन्न प्रकार के तर्कों की व्यवस्था दी है, जिसे हम यहाँ दोहराना नहीं चाहते। मेरा तर्क है कि अपने-आप में-वस्तु (चाहे वह अग्राह्य परतत्त्व हो या भौतिक हो) ज्ञान से अगोचर होने के कारण ज्ञान का विषय नहीं होती। मेरी समझ से बुद्धि में प्रकाशित सत्ताएँ (intelligible beings) ही ज्ञान के विषय हैं और वे भाषा से अनुविद्ध ही नहीं होती बल्कि भाषा से प्रकाशित होती हैं। बौद्ध-सत् से हमारा तात्पर्य बुद्धि का प्रकाश, सम्प्रत्यय या विचार से है जो बोध रूप विषय है; वे विषय हैं जो भाषा से बुद्धि में प्रकाशित होती हैं। भाषा से परे बाह्य वस्तुओं के बारे में यही बात नहीं कह सकते। दार्शनिकों के लिए विचार जो हमारे बोध में प्रकाशित होते हैं उन विचारों की भी सत्ता है। वे बौद्ध-सत्ताएँ हैं। भूत, वर्तमान और भविष्य से सम्बन्धित विषय भी उसी रूप में प्रकाशित होते हैं क्योंकि भाषा उन्हें उस रूप में उपस्थित करती है। अगर दर्शन सर्वोत्कृष्ट बोध सम्बन्धी क्रिया है तो बुद्धिस्थ सत्ताएँ ही दार्शनिक अनुचिन्तन के एकमात्र विषय हैं और इसलिए उन सत्ताओं को हम दार्शनिक-विषय कहते हैं। उन्हें हम उन बाह्य वस्तुओं के विरुद्ध जानते हैं जिनका अस्तित्व वस्तुवादियों और विज्ञानवादियों के अनुसार ज्ञान से स्वतन्त्र होता। वस्तु से हमारा तात्पर्य काण्टीय शब्दावली में अपने-आप-में-वस्तु से है, जो भाषा से वियुक्त सत्ता है। भाषा से वियुक्त सत्ता ज्ञान से भी वियुक्त होगी और ऐसी स्थिति तत्त्वमीमांसा के विरुद्ध जाती है।

प्रश्न है कि आख़िर दर्शन क्यों? अगर हम कहें कि हम में से कोई नहीं या हम सभी दार्शनिक हैं तो इसकी सच्चाई क्या है? अगर दर्शन तत्त्वमीमांसीय संरचना है तो यह तत्त्वमीमांसकों की विषयीनिष्ठ क्रिया है या बौद्धिक विलास है और अगर यह सिद्धों, ऋषियों-मुनियों के तत्त्वसाक्षात्कार का प्रस्तुतीकरण है तो दार्शनिक व्यक्ति दिव्य के प्रकाश से युक्त एक वरदानी पुरुष होगा और तब यह रहस्यमय अनुभूति से भिन्न नहीं होगा और तब उस अर्थ में हम में से कोई दार्शनिक नहीं है। उपरोक्त तात्त्विक दृष्टिकोणों से भिन्न हमारी समझ है कि जब हम भ्रम, शंका, विपर्यय, असंगति, अपूर्णता इत्यादि से टकराते हैं तो समस्याएँ उत्पन्न होती हैं और हम उन पर अनुचिन्तनात्मक होते हैं और यह अनुचिन्तन तब तक चलता रहता है जब तक समस्या साफ़ नहीं हो जाती और शंका का समाधान नहीं हो जाता। समस्या के दूर होने से दार्शनिक अनुचिन्तन की परिसमाप्ति नहीं हो जाती क्योंकि बौद्धिक प्राणी होने के नाते मनुष्य पुनः किसी-न-किसी समस्या से टकराता है। यह उसकी बौद्धिक भूख के सापेक्ष होती है। समझ,

बौद्धिकीकरण, विश्लेषण और व्याख्या की प्रक्रिया में किसी सामान्यीकरण या बौद्धिकीकरण से जो समस्याएँ उत्पन्न होती हैं जिनसे हम टकराते हैं जो हमें दार्शनिक अनुचिन्तन के लिए आमन्त्रित करती है और यह अनुचिन्तन तब तक चलता है जब तक समस्या सुस्पष्ट न हो जाए और व्यवहार में प्रसिद्ध सम्प्रत्यय पूर्णता में ग्रहण न हो जाए। कोई भी व्यक्ति जो समस्याओं से टकराता है, उन समस्याओं पर अनुचिन्तन करता है और उन प्रत्ययों के स्पष्ट अवलोकन हेतु स्व-चेतन क्रिया में संलग्न है, जैसा संप्रेषण में सामने आता है, दार्शनिक है।

7. Dissolving Force of Metaphysics (तत्त्वमीमांसा के विघटनकारी बल)

ATTEMPTS have been made for searching force of dissolving metaphysics, ontology and epistemological devices on which they are rooted. It is difficult to get out of mud without being muddled. Framing metaphysics out of dissolving other's framing of it adds nothing relevant to philosophy. What is the strongest point of metaphysics can be its weakest point as well. We do metaphysics and ontology with reasoning and accept metaphysical entities beyond reasoning and thinking. Similarly, we do metaphysics through language but accept metaphysical entities beyond language. The dissolving force of metaphysics and ontology as I think is the isolation of reality, meaning, concept and thought from language. Whether the reality is metaphysical, ontological or epistemological, it is expressed by language. Giving language a position of carrier of reality and concept/thought is just like making the language a dead tool. Philosophically isolated from language, no knowledge of any reality/entity is possible and overlooking of the fact that language infuses thought works as the dissolving force of metaphysics – trans-empirical as well as empirical. To accept thing-in-itself, isolated from language and cognition, is self-contradiction.

सत्तामीमांसीय, तत्त्वमीमांसीय और ज्ञानमीमांसीय युक्तियों पर आधारित तत्त्वमीमांसा के

विच्छेदन की शक्ति की खोज के सम्बन्ध में भी प्रयास किए गए हैं। बिना कीचड़ लगे कीचड़ से बाहर निकलना कठिन होता है। दूसरों की तत्त्वमीमांसा के खण्डनपूर्वक अपनी तत्त्वमीमांसा बनाना दर्शनशास्त्र में कोई प्रासंगिक योगदान नहीं करता। तत्त्वमीमांसा का जो सबसे सशक्त बिन्दु होता है वही उसका सबसे कमज़ोर बिन्दु भी होता है। हम तत्त्वमीमांसा, सत्तामीमांसा को बौद्धिक तर्कों के आधार पर खड़ा करते हैं और यह भी मानते हैं कि तत्त्वमीमांसीय वस्तुएँ बौद्धिक युक्ति अथवा बुद्धि और विचार से परे होती है।[3] इसी तरह हम भाषा में ही तत्त्वमीमांसीय संरचनाएँ भी करते हैं और तत्त्वमीमांसीय पदार्थों को भाषा से परे मानते हैं। सत्ता, अर्थ, सम्प्रत्यय और विचार को भाषा से विरहित मानना सत्तामीमांसा और तत्त्वमीमांसा की विच्छेदक शक्ति बनती है। चाहे सत्ता तत्त्वमीमांसीय हो, सत्तामीमांसीय हो या ज्ञानमीमांसीय हो सबका प्रकाशन भाषा से ही होता है। सत्ता और विचार को वहन करने वाली वाहिका के रूप में भाषा की स्थिति को स्वीकार करने का अर्थ है भाषा को एक मृत उपकरण समझना। दार्शनिक दृष्टि से भाषा के बिना किसी भी सत्ता या वस्तु का ज्ञान सम्भव नहीं है तथा भाषा एवं विचार की अनुविद्धता की उपेक्षा किसी भी प्रकार की तत्त्वमीमांसा चाहे वो इन्द्रियातीत की हो अथवा आनुभविक की हो, विच्छेदक शक्ति के रूप में काम करती है। ज्ञान भाषा से अनुविद्ध होता है परन्तु यथार्थ बाह्यवस्तु को भाषा और ज्ञान से विरहित मानना तत्त्वमीमांसा का आन्तरिक द्वन्द्व है, विरोध है।

8. Is Philosophy a Discipline of Knowledge?
(क्या दर्शनशास्त्र ज्ञान के अध्ययन का शास्त्र है?)

ANOTHER point is made by the empiricists who perceive philosophy in relation to empirical knowledge. They counter the view that philosophy is concerned with the highest knowledge or even with the scientific knowledge of the ultimate truth. For empirical sciences, there is no knowledge other than the empirical knowledge and the empirical knowledge is scientific knowledge based on confirmation of the truth by observation and experiments. Since philosophy has no concern with many layer observation, and experiment, it is a discipline useless for working with empirical knowledge with which sciences deal. They conclude it is not

3 यतो वाचो निवर्तन्ते अप्राप्य मनसा सह। – *तैत्तिरीयोपनिषद्* 2.4.1

philosophy but science that deals with the confirmation of the empirical knowledge of the truth.

If we take that philosophy is needed because it is concerned with highest knowledge and not with the empirical knowledge, the positivists and empiricists argue that there is no such knowledge that we call highest knowledge in contrast to empirical and hence there is no need of a discipline like philosophy to deal with knowledge. Is there any object that philosophy occupies? The objects in the empirical world are all the objects we know by senses and for the knowledge of the empirical we do not need philosophy. Such empirical observations about philosophy have caused worries highly about the future of philosophy. The empiricists upset philosophy by asking about the sort of thinking philosophy is concerned. Philosophy is not objective thinking with which the empirical sciences occupy. If it is subjective thinking, it will be just imagination and thus there will be no objectivity, no certainty of knowledge. Epistemology too is a remedy of conjectural proofing and it is sciences that can confirm the truth by observation, experiment and conclusion. Here, we want just to indicate about the truth of empirical knowledge and objects of that knowledge. Philosophy, unlike science, deals with the analysis and clarity of knowledge even derived by empirical sources while empirical sources derive only the sense data and not their knowledge. Philosophy reflects on the knowledge of sense data and not the things in empirical world as its objects. Philosophy concentrates not on things but on the knowledge or ideas of things. It is not meta-object and meta-knowledge, but the intelligible object or idea or the objects the mind flashes. The coined terms "meta-object" and "meta-knowledge", isolated from language, are conceptualizations that confuse the concept of objects and the objects of knowledge as well.

जो दर्शनशास्त्र को आनुभविक ज्ञान से सम्बद्ध करके देखते हैं अथवा परम सत् सम्बन्धी वैज्ञानिक ज्ञान की बात करते हैं ऐसे अनुभववादी एक दूसरा तर्क देते हैं। उनके लिए आनुभविक या वैज्ञानिक ज्ञान से अलग कोई ज्ञान नहीं होता और आनुभविक ज्ञान निरीक्षण, परीक्षण और

प्रयोग के आधार पर सत् की प्रामाणिकता पर आधारित ज्ञान वैज्ञानिक होता है। चूँकि निरीक्षण और प्रयोग के विभिन्न आयामों से दर्शनशास्त्र सम्बन्धित नहीं होता इसलिए आनुभविक बोध जिसका सरोकार विज्ञान से है, के लिए दर्शनशास्त्र एक व्यर्थ शास्त्र है। इससे वे निष्कर्ष निकालते हैं कि दर्शनशास्त्र नहीं बल्कि विज्ञान ही सत् के सम्बन्ध में आनुभविक ज्ञान की निश्चितता से सरोकार रखता है।

अगर हम यह मानें कि दर्शन की आवश्यकता है क्योंकि इसका सम्बन्ध आनुभविक ज्ञान से नहीं बल्कि उच्चतम ज्ञान से है तो तर्कीय प्रत्यक्षवादी और अनुभववादी यह तर्क देते हैं कि आनुभविक ज्ञान के अतिरिक्त या इससे अलग कोई भी ज्ञान उच्चतम ज्ञान नहीं होता और इसीलिए ज्ञान को जानने के लिए दर्शनशास्त्र जैसे किसी अनुशासन की ज़रूरत नहीं है। तो क्या कोई ऐसा विषय है जो दर्शन के लिए अधिकृत है? आनुभविक जगत् में वे वस्तुएँ होती हैं जिन्हें हम इन्द्रियों से जानते हैं और आनुभविक वस्तुओं के लिए हमें दर्शनशास्त्र की कोई आवश्यकता नहीं है। दर्शनशास्त्र के बारे में इस तरह का आनुभविक अवलोकन दर्शनशास्त्र के भविष्य के बारे में अत्यधिक चिन्ता उत्पन्न करता है। दार्शनिक-चिन्तन किस तरह का चिन्तन है? इस प्रकार के प्रश्नों को उठाकर अनुभववादी विचारक दर्शनशास्त्र को विक्षुब्ध करते हैं। वस्तुगत या विषयगत चिन्तन जिसका सम्बन्ध आनुभविक विज्ञान से है, दर्शनशास्त्र नहीं है। यदि इसे आत्मगत या विषयीगत चिन्तन मानें तो यह कल्पना मात्र होगा और इसमें ज्ञान की वस्तुगतता और प्रामाणिकता नहीं होगी। ज्ञानमीमांसा भी अनुमानिक सिद्धि का उपाय मात्र है और यह विज्ञान ही है जो निरीक्षण, परीक्षण और निष्कर्ष द्वारा सत्य को सम्पुष्ट करता है। हम यहाँ केवल आनुभविक ज्ञान और आनुभविक ज्ञान के विषय की सत्यता मात्र की तरफ़ संकेत करना चाहते हैं।

वैज्ञानिक चिन्तन से भिन्न दार्शनिक चिन्तन ज्ञान के यहाँ तक कि आनुभविक स्रोतों से प्राप्त ज्ञान के विश्लेषण और स्पष्टता को विषय बनाता है जबकि आनुभविक स्रोत ज्ञान नहीं अपितु इन्द्रिय-संवेदनाओं के साधन होते हैं। इन्द्रिय-संवेदनाओं के ज्ञान पर दर्शनशास्त्र चिन्तन करता है न कि आनुभविक जगत् की वस्तुओं पर। दर्शन वस्तुओं के विचार या उनके ज्ञान को चिन्तन का केन्द्र बनाता है न कि वस्तुओं को। बुद्धि किसी परा-विषय (मेटा-ऑब्जेक्ट) या परा-ज्ञान (मेटा-नॉलेज) को ही नहीं बल्कि बुद्धि में प्रकाशित विषय अथवा वस्तुओं के विचार को ही प्रकाशित करती है क्योंकि परा-विषय और परा-ज्ञान भाषा में पृथकीकृत या वियुक्त चीज़ें मानी जाती हैं। वस्तु, विचार या भाषा के बारे में जो वर्णन होते हैं उन्हें परा-विषय मानना ठीक नहीं है क्योंकि उस पर चिन्तन भाषा से ही प्रकाशित होते हैं।

9. Is Philosophy an Analysis?
(क्या दर्शनशास्त्र विश्लेषण है?)

AFTER refutation of metaphysics by A.J. Ayer (1982), philosophical thinking shifted to the analysis of language for clarity and conception of meaning. Rorty's writings on de-epistemolization, and "Recent Obituaries of Epistemology" by Susan Haack (1990), completely ruined the metaphysical design of doing philosophy. With the dawn of post modernistic influence, we are noticing a materialistic rush at the global level. This has questioned the utility of philosophy. Politicians and policy makers in education have started thinking as to why to spend a huge amount of budget for a discipline having no material production. The whole scenario has made the persons doing philosophy chaotic about the future of philosophy. In the name of mounting up philosophy, in the name of doing philosophy, they involve interpreting themselves with ethics, *yoga*, sociology and spirituality as a remedy against the destruction caused by post-modernistic influence on life. Will they not do more harm to philosophy?

Philosophy is identified with philosophy of language and analysis. Is philosophical activity like peeling an onion? Analytic philosophers think that philosophical problems are caused by the misuse of language or confusions caused by the improper use of language or when language goes on holiday. And the only remedy for healing those problems is to analyse the language to the extent of liquidation of the problems. Problems are removed when, by analysis, we get clarity of the thought expressed in language. This analysis is analogous to the peeling of onion because after peeling we realize that nothing is hidden either in the parts analysed thus or in the whole separate from the parts. Philosophical analysis is different from grammatical analysis and, hence, from peeling the onion in which we separate the parts from the whole that is decomposed. Philosophical analysis to us is a self-conscious activity in which not only the language and the meaning it represents are objects of analysis but their awareness, cognitive ground of proper analysing and self-awareness of the awareness are also involved. This activity is not like flying the fly from the bottle because the purpose of philosophical reflection, and the analysis it involves, is clear understanding of the concept, as it is popularly known in communication. When the problem through analysis is removed and clarity is achieved, one gets wisdom and bliss.

Theories like linguistic analysis, semantic analysis, functional analysis, and analysis of cognition, a cognitive–holistic analysis of language and autonomy theory of language are influencing the mind of the persons doing philosophy. Cognitive holism is observed, herein, as a philosophical solution to the problems, we, being intellectual, confront with. It is hoped that these philosophies will move forward in shading light on the dynamics of the language in a more comprehensive way in the years to come.

ए॰जे॰एयर (1982) द्वारा तत्त्वमीमांसा के निराकरण के बाद अर्थ की स्पष्टता और अवधारणात्मक बोध के लिए दार्शनिक चिन्तन भाषा के विश्लेषण पर पहुँच गया। ज्ञानमीमांसा के विखण्डन पर रॉर्टी (Richard Rorty) के लेखों और सुसान हॉक (1990) के "ज्ञानमीमांसा का ताजा मृत्यु लेख" ने तत्त्वमीमांसीय संरचना के रूप में दार्शनिक चिन्तन की प्रथा को पूर्णतः बर्बाद कर दिया। उत्तर-आधुनिक प्रभाव के साथ वैश्विक स्तर पर हम एक भौतिकवादी (बाज़ारवादी) धक्कामुक्की (rush) देख रहे हैं। इसने दर्शनशास्त्र की उपयोगिता पर प्रश्न खड़ा कर दिया है। शिक्षा में नीति का विधान करने वाले राजनीतिज्ञ लोगों ने यह सोचना शुरू कर दिया है कि जिस शास्त्र से कोई भौतिक लाभ नहीं होता उस पर बजट की एक बड़ी राशि क्यों खर्च की जाए। इस समस्त परिदृश्य ने दर्शनशास्त्र से जुड़े व्यक्तियों को दर्शनशास्त्र के भविष्य के बारे में अस्त-व्यस्त कर दिया है। दर्शनशास्त्र को थोड़ा आकर्षक (आधुनिक) बनाने के नाम पर, जीवन पर उत्तर-आधुनिक प्रभावों से उत्पन्न नुकसान की भरपाई के उपाय के रूप में, ये लोग दर्शन के नाम पर नीतिशास्त्रीय, समाजशास्त्रीय, योगशास्त्रीय तथा अध्यात्म-शास्त्रीय अध्ययनों में लिपटे हुए हैं। क्या ऐसे लोग दर्शन को ज़्यादा नुकसान नहीं पहुँचाते?

भाषा और विश्लेषण दर्शन के रूप में दर्शनशास्त्र की पहचान होती है। क्या दार्शनिक क्रियाएँ परत-दर-परत प्याज छीलने की तरह है? विश्लेषणवादी दार्शनिक ऐसा सोचते हैं कि दार्शनिक समस्याएँ भाषा के ग़लत प्रयोग से उत्पन्न होती है या भाषा के अनुचित प्रयोग से

उत्पन्न भ्रम (संशय) से होती है या जब भाषा छुट्टी पर चली जाती है तब उत्पन्न होती है और इन समस्याओं को दूर करने का एकमात्र उपाय है समस्या के समाधान तक भाषा का विश्लेषण करना। जब हम विश्लेषण करते हैं तो भाषा में व्यक्त विचार स्पष्ट हो जाते हैं और समस्या दूर हो जाती है। यह विश्लेषण प्याज छिलने के समान ही होता है क्योंकि प्याज परत-दर-परत छिल जाने पर हम यह जान पाते हैं कि पूरी प्याज में या उसके विश्लेषित परतों में कुछ भी छिपा नहीं होता[4]। दार्शनिक विश्लेषण भाषा के वैयाकरणीय विश्लेषण से भिन्न होता है और इसीलिए पूरी प्याज से उसके सभी छिलकों को अलग करने, जिससे प्याज विघटित हो जाता है, से भी भिन्न है। हमारे अनुसार दार्शनिक विश्लेषण एक स्व-चेतन क्रिया है जिसमें केवल भाषा और अर्थ जिसे भाषा व्यक्त करती है, विश्लेषण के विषय नहीं होते अपितु उनका बोध, विश्लेषण का एक उचित बोधमूलक आधार एवं विषय-बोध का भी स्वबोध सम्मिलित होता है। यह क्रिया बोतल से मक्खी उड़ाने की तरह नहीं है क्योंकि दार्शनिक विश्लेषण और उस पर अनुचिन्तन का उद्देश्य सम्प्रत्ययों को उस रूप में स्पष्ट करना है जिस रूप में वे ज्ञात होती हैं। विश्लेषण द्वारा जब समस्या समाप्त हो जाती है और स्पष्टता प्राप्त हो जाती है तो विवेक और आनन्द की उपलब्धि होती है।

भाषा का भाषीय विश्लेषण, अर्थवैज्ञानिक विश्लेषण, ज्ञान का विश्लेषण, ज्ञान की अखण्डता का भाषीय विश्लेषण, क्रिया-मूलक विश्लेषण और भाषा का स्वशासी सिद्धान्त आजकल दार्शनिक चिन्तन करने वाले लोगों की बुद्धि को प्रभावित कर रहे हैं। बुद्धि-सम्पन्न होने से मनुष्य समस्याओं से टकराता है और उन समस्याओं के दार्शनिक समाधान के रूप में बोधमूलक अखण्डवाद को देखा जा सकता है। आशा है ये दार्शनिक चिन्तन आगे आने वाले समय में बोध के सर्वग्राही उपाय के रूप में फले-फूलेंगे।

10. Is Philosophy a Linguistic Analysis of Meaning or Use? (क्या दर्शन अर्थ का भाषाशास्त्रीय विश्लेषण है?)

"Wittgenstein's endeavour was to free language from a fix meaning and from getting captive of that. The meaning of language is its use.

[4] न तो प्याज में मिलता है और न ही उसकी परतों में।

Language represents different meaning in different uses in different contexts and intentions. He invites philosophers to separate the fixed meaning or the meaning a form, picture, image or a thing ontic in nature aside in bracket and to see the meaning of language in different contexts and intentions." According to him, philosophers adopt the same model to escape from the meaning one is enslaved and that too causes the puzzles.

"It can be said that it is the function of a linguist and confining the philosophical activity to linguistic analysis is not a proper task of philosophers who concern philosophy as a cognitive activity par excellence. A philosopher is not required first to separate the statements from the things they are used and look at them by settling them on day-to-day uses. Metaphysical uses express their meanings and we know them so by the statement itself, i.e. they are metaphysical uses and not the day-to-day practice." A reflective mind, confronted with the problems, becomes reflective to resolve or say to remove that problem by analysing, observing and associating the parts to make one reach to the understanding and wisdom about the whole.

Even from Wittgenstein's perspective, addressing the problems for those doing fictions, sensuous epistemology, metaphors and figurative uses and claiming to cure the philosophical illness by the device of the linguistic analysis and social epistemology in their own way is also the cause of philosophical puzzle.

No idea, no thought, imagination, reflection is possible if isolated from language. Whatever we take by meaning is philosophically that the language expresses. We can know different sorts of uses of language for different meanings and their right or wrong only because the language presents and not represents them so. Philosophers' task, as we think, is not only based on but also is confined to a reflection on the problems they confront. It is concentration on the intelligible beings of language and its meaning as its objects of cognition. Overlooking the power of language in expressing meaning non-differently, no social epistemology, no linguistic analysis can survive long in the absence of their cognitive ground.

भाषा को उसके निश्चित प्रयोग और उस प्रयोग के प्रति आबद्धता से भाषा को मुक्त करने का प्रयास विट्गेंस्टाइन का रहा है। भाषा का अर्थ उसका प्रयोग है। विभिन्न सन्दर्भों और अभिप्रायों में भाषा का प्रयोग भिन्न-भिन्न अर्थों का प्रतिनिधित्व करता है। अपने-आप में-वस्तु के स्वरूप को स्थगित कर विभिन्न सन्दर्भों और अभिप्रायों में भाषा के अर्थ को देखने के लिए उन्होंने दार्शनिकों का आह्वान किया है। उनका मानना है कि दार्शनिक जिस अर्थ से आबद्ध होते हैं उसी मॉडल में उससे बचने का प्रयास भी करते हैं और ऐसा करना भी समस्याएँ उत्पन्न करता है।

ऐसा कह सकते हैं कि यह एक भाषा वैज्ञानिक का कार्य है और दार्शनिक क्रिया को भाषीय विश्लेषण तक सीमित करना उन दार्शनिकों के अनुसार उचित प्रतीत नहीं होता क्योंकि वे दर्शनशास्त्र को सर्वोत्कृष्ट बोधमूलक क्रिया मानते हैं। कथनों को उनके तात्त्विक प्रयोगों से हटाना और उन्हें दैनिक प्रयोगों में लगाना दार्शनिकों का कार्य नहीं है। तात्त्विक प्रयोग अपने अर्थ प्रकट करते हैं और हम उन अर्थों को कथनों से ही जानते हैं अर्थात् वे तत्त्वमीमांसीय प्रयोग हैं न कि दैनन्दिन में प्रयोग। अनुचिन्तनात्मक बुद्धि समस्याओं से टकराती है और उन्हें दूर करने के लिए उनका विश्लेषण, परीक्षण एवं अंशों का साहचर्य करती है ताकि उन समस्याओं के प्रति समझ और विवेक तक पहुँच हो जाए।

विट्गेंस्टाइन की दृष्टि के अनुसार जो लोग गप करते हैं, ऐन्द्रिक ज्ञानमीमांसा देते हैं और लाक्षणिक रूपकों का प्रयोग करते हैं, वे मानते हैं कि हम भाषा के विश्लेषण और सामाजिक ज्ञानमीमांसा द्वारा दार्शनिक बदहाली को दूर कर सकते हैं परन्तु वे लोग भी अपने ढंग से दार्शनिक उलझनों को उत्पन्न करते हैं।

भाषा से पृथक् कोई भी विचार, सम्प्रत्यय, कल्पना, चित्र सम्भव नहीं होता। दार्शनिक दृष्टि से हम शब्द का वही अर्थ लेते हैं जिसे वह प्रकाशित करता है। भाषा के अनेक प्रयोगों में हम बहुत सारे अर्थों को जानते हैं और हम उनके सही अथवा ग़लत प्रयोगों को भी जानते हैं क्योंकि भाषा उन्हें प्रकाशित करती है न कि उनका प्रतिनिधित्व करती है। जैसा कि हम सोचते हैं। दार्शनिक का कार्य जिन समस्याओं से वह टकराता है उन समस्याओं पर अनुचिन्तन तक ही सीमित नहीं है बल्कि उन्हीं पर आधारित भी है। यह अनुचिन्तन बुद्धिस्थ सत्ताओं यानि भाषा और उससे प्रकाशित अर्थ को ही बोध का विषय स्वीकार करके उनके बोध पर अनुचिन्तन को केन्द्रित करता है। अपने से अभिन्न रूप में अर्थ को प्रकाशित करने की भाषा की शक्ति की

अनदेखी करने पर बोधमूलक आधार की अनुपस्थिति में न तो कोई सामाजिक-ज्ञानमीमांसा और न ही कोई भाषीय विश्लेषण अधिक समय तक अस्तित्व में रह सकता है ।

11. Critical Philosophy and Critical Thinking (समीक्षात्मक दर्शन और समीक्षात्मक चिन्तन)

THERE is difference between critical philosophy and critical thinking. For example, Immanuel Kant's philosophy is critical in the sense that it is a critique of rationalism and empiricism. It raises questions about the limitation and insufficiency of rationalism in its absolute favour of human reason as potency to know everything, even God, the ultimate substance. Rationalist's negligence of the creative role of sensations, we derive from the external things, is another point of his critical enquiry. Sensations we acquire from the empirical world are just the projection of our mind and experiencing them is acquired from the empirical world on the other hand. Empiricists, unlike rationalists, claim that mind by birth is *tabula rasa*, a white paper on which nothing is imprinted; it is not the innate potency of knowledge but just the bundle of ideas we acquire by senses. We can know only the impressions or sensations and ideas formed out of sensations. This position of empiricists is reflected over critically by the followers of philosophers like Leibnitz as inadequate for the interpretation of knowledge; knowledge is not only certain but new also. Kant, by the process of questioning the rationalists' position of knowledge by analytic statements as certain knowledge and the empiricists' position of novelty, and not certainty of knowledge by synthetic judgements, gave rise to his theory of knowledge as a synthetic a priori judgement; it is both certain and new and thus a blend of analytic and synthetic as well. Because of sensations we derive from external things, empirical knowledge is new but not certain and because of knowledge shaped by the categories that are a priori it is certain also. Lastly, by this critical approach he finds out the limitation about both the philosophies – rationalism and empiricism – and formed a judgement that knowledge is synthetic a priori; it is new and certain as well. Kant in his *Critique of Pure Reason* worked out the possibility of novelty of knowledge by analytic judgements of mathematics, geometry, etc. and for the certainty of the synthetic judgements about sciences and empirical world as well. Sensations without precept are lame and the precept without sensations is blind. Critical philosophy of Kant is the theory of knowledge; it simultaneously contains the potency of both the reason and sensation as its form and the matter respectively; it is a beautiful blend of the analytic and synthetic character and hence it is defined by him as certain and novel simultaneously. Kantian critique of sensations as the material and categories as the form and the role of both form and matter in producing knowledge, is what we term critical philosophy.

Critical thinking usually is an analysis of facts to form a judgement. It may include reasoning, scepticism, pedagogics, unbiased analysis that opens the nods of the problems and thus provides an occasion to form a judgement. For instance, Hume's empiricism awakened Kant from his dogmatic slumber. Hume's empiricism is a form of critical thinking in which he analyses the rationalists' concept of mind and un-nodded its innate possibilities, reflected on the arguments proving the substance, God, soul, world, their qualities in a way that some scholars form a judgement about his empiricism as agnosticism and some others as scepticism. In Indian philosophy, we find the critical philosophies of Nāgārjuna, Śrīharṣa and Jayarāśi Bhaṭṭa who analyse and argue that the metaphysical and epistemological arguments given for proving the things and the epistemological proofs are not settled well. They fail to establish that they intend to prove.

समीक्षात्मक दर्शन और समीक्षात्मक चिन्तन दो अलग-अलग विचारधाराएँ हैं। उदाहरण के लिये काण्ट का दर्शन इस अर्थ में समीक्षात्मक है कि वह बुद्धिवाद और अनुभववाद की समीक्षा करता है। यह बुद्धि की सीमा तथा मानवीय बुद्धि द्वारा सब कुछ, यहाँ तक कि

ईश्वर या परमतत्त्व को भी जान लेने की क्षमता के परम हिमायती बुद्धिवाद की अपर्याप्तता पर प्रश्न उठाता है। बाह्य वस्तुओं से प्राप्त संवेदनाओं की सर्जनात्मकता की ज्ञान में सक्रिय भागीदारी का बुद्धिवादी निषेध काण्ट के समीक्षात्मक दर्शन का एक दूसरा आधार है। बाह्य जगत् से प्राप्त संवेदनाएँ हमारी बुद्धि के प्रक्षेपण हैं और उनका अनुभव आनुभविक जगत् से प्राप्त होता है। बुद्धिवादियों से भिन्न अनुभववादी यह दावा करते हैं कि जन्म के साथ बुद्धि कोरे कागज के जैसी होती है जिस पर कुछ भी लिखा नहीं होता। यह ज्ञान की जन्मजात शक्ति नहीं है अपितु, इन्द्रियों से प्राप्त विज्ञानों की पोटली मात्र है। हम केवल संस्कारों या संवेदनाओं को और उन संवेदनाओं के आधार पर बने विचारों/सम्प्रत्ययों को जान सकते हैं। अनुभववादियों की इस स्थिति को लाइब्नित्ज़ जैसे दार्शनिकों के अनुयायी ज्ञान की व्याख्या के लिए अनुपयुक्त मानते हैं। ज्ञान केवल निश्चित ही नहीं नवीन भी होता है। बुद्धिवादियों द्वारा मान्य विश्लेषणात्मक कथनों से निश्चित ज्ञान प्राप्त होता है और अनुभववादियों की स्थिति के अनुसार संश्लेषणात्मक कथनों से निश्चित ज्ञान नहीं अपितु नवीन ज्ञान प्राप्त होता है। इन स्थितियों पर इमैनुएल काण्ट प्रश्न उठाते हुए ज्ञान के प्रागनुभविक संश्लेषणात्मक कथनों के सिद्धान्त को जन्म देते हैं। ज्ञान निश्चयात्मक और नवीन दोनों होता है और इस तरह जो ज्ञान-सम्बन्धी कथन हैं वे विश्लेषणात्मक और संश्लेषणात्मक दोनों होते हैं; संवेदनाएँ इन्द्रियों द्वारा बाह्य वस्तुओं से प्राप्त होती है जिसके कारण आनुभविक ज्ञान नवीन होता है किन्तु उसमें निश्चयात्मकता नहीं होती परन्तु प्रागनुभविक बुद्धि की वर्गणाओं द्वारा उन्हें ज्ञान का रूप दिया जाता है इसलिए उनमें निश्चयात्मकता भी होती है। अन्ततः इस आलोचनात्मक दृष्टिकोण से काण्ट बुद्धिवाद और अनुभववाद दोनों दर्शनों की सीमाओं का अंकन करते हैं और प्रागनुभविक संश्लेषणात्मक ज्ञान की संरचना के कथन को स्वीकार करते हैं; यह ज्ञान नवीन भी होता है और इसमें निश्चयात्मिकता भी होती है। उन्होंने *शुद्ध बुद्धि की समीक्षा* नामक अपने ग्रन्थ में विज्ञान, ज्यामिति और गणित से सम्बन्धित विश्लेषणात्मक कथनों से प्राप्त ज्ञान की नवीनता की सम्भावना और आनुभविक जगत् तथा विज्ञान सम्बन्धी संश्लेषणात्मक कथनों से प्राप्त ज्ञान में निश्चयात्मक की सम्भावना को दर्शाया है। "बुद्धि के बिना इन्द्रिय संवेदन लंगड़े हैं और संवेदनाओं के बिना बुद्धि अन्धी है।" काण्ट का समीक्षा दर्शन ज्ञान का सिद्धान्त है जिसमें बुद्धि और इन्द्रियानुभव दोनों की शक्ति द्रव्य और आकार के रूप में एक साथ सन्निहित होती है। उनके दर्शन में विश्लेषणात्मकता और संश्लेषणात्मकता दोनों का सुन्दर अनुबन्ध हुआ है और इसलिए वे ज्ञान को युगपत् नवीन और निश्चयात्मक रूप में परिभाषित करते हैं। द्रव्य के रूप में इन्द्रिय-संवेदनाएँ और आकार के रूप में बुद्धि और दोनों के योग से ज्ञान की उत्पत्ति की काण्टीय समीक्षा को हम समीक्षात्मक दर्शन कहते हैं।

समीक्षात्मक चिन्तन सामान्यतः एक कथन की प्राप्ति के लिए तथ्यों का विश्लेषण है। समीक्षात्मक चिन्तन के अन्तर्गत तर्क, सन्देह, शिक्षण पद्धति, निष्पक्ष विश्लेषण सम्मिलित किए जाते हैं जो समस्याओं की गाँठों को खोलते हैं और निर्णयात्मक कथन तक पहुँचने के अवसर प्रदान करते हैं। उदाहरण के लिए ह्यूम का अनुभववाद जो इमैनुएल काण्ट को दार्शनिक निद्रा से जगाता है। ह्यूम का अनुभववाद एक समीक्षात्मक चिन्तन है जिसमें वे बुद्धिवादियों की बुद्धि की अवधारणा को विश्लेषित करते हैं और प्रत्यय की जन्मजात सम्भावनाओं को अस्वीकार करते हैं। तत्त्व, ईश्वर, आत्मा, जगत् तथा उनके गुणों को सिद्ध करने वाले बुद्धिवादियों की युक्तियों पर इस तरह से अनुचिन्तन करते हैं कि कुछ विद्वान् उनके अनुभववाद को अज्ञेयवाद और कुछ दूसरे संशयवाद के रूप में मूल्यांकन करते हैं। भारतीय दर्शन में हम नागार्जुन, श्रीहर्ष और जयराशि भट्ट के दर्शन में समीक्षा-दर्शन पाते हैं। वे विश्लेषण और इस पक्ष में तर्क करते हैं कि तात्त्विक वस्तुओं को सिद्ध करने के लिए जो तात्त्विक और ज्ञानमीमांसीय युक्तियाँ और ज्ञानमीमांसीय प्रमाण दिए गए हैं वे ठीक तरह से व्यवस्थित नहीं हैं; वे जो सिद्ध करना चाहते हैं उन्हें सिद्ध करने में वे युक्तियाँ असफल हैं।

12. Controversy Over the Object of Philosophy (दर्शनशास्त्र के विषय पर वाद-विवाद)

SINCE the dawn of culture and civilization, attempts are being made to understand the object of knowledge. Generally, it is supposed that the world of our knowledge consists of the duality of mind and matter, mind as thought and matter as the thing or body. The former is internal and the latter is external. Attempts made for meeting out this dichotomy have given birth to a number of realistic and idealistic theories. We shall confine to only a few of them required, herewith, for coming to a conclusive position on the basis of which we can proceed with interpreting a philosophical response to the problem of philosophy and knowledge.

The thought is universal and the thing-in-itself is individual or particular. Buddhist logicians assume that the former is a construction of mind and, thus, it is not existent and the latter is real and, hence, existent, but is beyond description. External things are always individual and discrete real but mind cannot know them. Mind can know only the thoughts, i.e. the universals, and they are not real. The real is only directly perceived and what is perceived is real. The universal is caused due to confusion of the relation between the imagined constructions and external real. They give utmost importance to indeterminate knowledge we can have by instant perception of the real and accept determinate cognition that is all logical constructions we know by inference. The real is not the object of philosophy but of *sādhanā* and the latter does not add any reality to serve the cause of philosophy. Here philosophy dies and the religion flourishes.

Advaita Vedāntins assume that our world of experience and knowledge comprises of the subject and the object. None of the thoughts and the things is real; the real transcends the two. Being beyond our grasp, the transcendental cannot be an object of knowledge and philosophical reflections. Intuition is given primacy to which reason is subordinated. All that the mind knows is illusory and it cannot know the real, which can be known only through intuition. The real can be known only by being so. Philosophy is subordinated to religion that is *sādhanā* and is placed as having only dhārmic and no philosophical purpose to fulfil.

The whole constructive reasoning of logicians like Nāgārjuna, Jayarāśi and to some extent Śrīharṣa is centred to the refutation of reasoning.[5] Reasoning and logic in their hands have nothing to live for but they are useful to pave the way to the freedom of reasoning

---

5 Nāgārjuna in the *Mādhyamika-Kārikā*, Dharmakīrti in the *Pramāṇavārttika*, Jayarāśi in the *Tattvopaplavasiṁhaḥ*, and Śrīharṣa in the *Khaṇḍanakhaṇḍakhādya* have reasoned dialectically against the arguments and proofs given in support of the metaphysical and epistemological elements. They all attempt to unsettle the dogmatic way of reasoning by proving that they are not steady; they fail to prove what they intend to prove.

from its metaphysical and epistemological designing and framing. Their intellectual exercise seems anti-intellectual in its purpose.

The dichotomous position of the duality of the world of thought and the world of external things has been tried to be resolved in different ways. We are putting, herewith, some for evidence.

i. Realists accept the two – the universals and individuals – as independent existences that contact only in knowledge.
ii. The two are independent but, for knowledge, the latter is subordinated to the former.
iii. None of them has existences and they are false impositions of the existence that is real and transcendental to both.
iv. Both the two are real but as whole–parts only. They are parts of the transcendental real.
v. The transcendental real is consciousness and that is all-pervading. For this view, individuals and universals are epistemological dualities. In responding to the controversy of objects of knowledge – individual, universal or both – several theories have emerged in Indian and Western philosophical traditions.

In brief, the problem of the external and the internal objects has shifted to their knowledge. Taking knowledge into consideration, different subtle issues are raised regarding the nature of knowledge, its difference from objects of knowledge, object of knowledge and external things, kinds of knowledge, verity and validity of knowledge and finally the limits of knowledge.

Accepting the duality of the thing in the external world and the thought, that is, the duality of the individuals and the universals if we proceed in philosophical reflections by taking any of the two as real and the other as imaginary, then any of the two will be ignored from being the object of knowledge. If the two are taken as the objects of knowledge, then their knowledge will have to be assumed as transcendental to both. Here, two positions emerge:

i. The knowledge is always the knowledge of the objects, i.e. there is non-difference of knowledge and the object of knowledge.

ii. The difference between the knowledge and the object of knowledge has to be accepted.

Regarding position (i) both knowledge and the object of knowledge cannot be non-different because of objects characterized as "other". Otherness is the character of objects of knowledge and not of their knowledge itself. Buddhists accept the indeterminate (*nirvikalpaka*) knowledge as original that grasps the real. For them, the determinate knowledge is by construction and, hence, cannot be the knowledge of the real.[6] In our view, if knowledge is always the knowledge of the objects, it must be, in all cases, determinate; if, otherwise, the object known will not be identified even as the object. If we accept that we can perceive an individual, but, being it as an instant particular, it is known as an object by the construction of mind through inference, etc. we get a unique dichotomy of perceiving the individual and knowing the universal or constructed. This is just like the saying that I perceive an ant but I know the construction (*vikalpa*) in that perception. Knowledge must be determinate and discrete. Even we know the "doubt" or doubtful cognition because it is determinate and discretely known thus. If it is otherwise, we cannot know that something is doubtful. Doubt is known as doubt inference can only indicate the thing through indicator (*liṅga*) and, hence, it cannot determinate the

---

6 The same object, according to the Buddhist theory of *pramāṇa vyavasthā*, cannot be known by one more source of knowledge (*pramāṇa*). An object of perception cannot be the object of inference and vice versa. Pinpointed particular (*svalakṣaṇa*) is the object of perception and constructions (*samvr̥tti*), we know by inference, i.e. knowing through the scheme of name, form, image, qualities, etc. (*nāmajātyādi yojanā*). The inference of fire is according to the scheme of construction but the same is absent in our perception of fire.

indeterminate cognition (*svalakṣaṇa*). The knowledge of *svalakṣaṇa* or indeterminate, different from constructions or determinate, is possible only when it is determinately and discretely known so, but that is not acceptable to Buddhists who assume *svalakṣaṇa* as an indeterminate cognition of which there is no determination.

The way of philosophy is not that of meditation (*sādhanā*). Overlooking philosophy for giving way to *sādhanā* is not the way of a wise. A wise is called so because he has determinate knowledge of the general and the specific problems. He takes the objects of knowledge (including imaginary) not as unreal but as determinate and distinctly real. Something may be constructive, but the knowledge of that is determinate, otherwise, it will not be distinctly known as constructed even. Constructive means different and not imaginary. Language determines the cognition. Language is the determiner of the objects of knowledge in a particular cognition because of which distinct knowledge of the objects is accomplished.

It has been a general opinion of the Western and Indian schools of philosophy that language and thought are different, and the former is the tool through which the latter is expressed. Reality is independent of thoughts but in our view, a thought "as thought is always real; it is known directly when the consciousness flashes". Thought may be the thought of a reality that is existent or non-existent. Reality, according to some theorists, is perceived by senses; mind makes those senses as thought and when thought needs to be expressed, language comes forward.

Here, philosophical problems are shortlisted as confined to language, thought and their reality. One may observe that throughout the discussion we have been arguing against other conceptions to come to a different conception and, thus, one may ask if we are doing philosophy. If we reflect on a concept for a comprehensive vision of it in its totality, then we have to go through all conceptions of it, which are popular up to our time. It is the concept on which our day-to-day communication is based on. If the concept is not clear, we will not communicate well. An ordinary illiterate person may not know your or my conception of a reality but he understands the reality as communicated to him in day-to-day practices. It is possible because of the clear concept of that which the language presents. By the term "being" we mean the ideas the language expresses. Ideas are existences that in contrast to external beings are called intelligible or secondary beings the language expresses. Language and meaning both are intelligible beings and are the object of cognition.

सभ्यता और संस्कृति के अभ्युदय के साथ ही ज्ञान के विषय को समझने के प्रयास होते रहे हैं। सामान्यतः हम मानते हैं कि हमारे ज्ञान की दुनिया विचार के रूप में बुद्धि और वस्तु के रूप में द्रव्य अर्थात् मन (चेतना) और शरीर के द्वैत की है, जिसमें बुद्धि आन्तरिक और शरीर बाह्य है। इस द्वैत की समस्या के समाधान के प्रयास में बहुत सारे यथार्थवादी और सम्प्रत्ययवादी सिद्धान्त दिए गए हैं। निर्णयात्मक स्थिति में पहुँचने के लिए हम उनमें से कुछ विचारों तक ही यहाँ अपने चिन्तन को सीमित करेंगे जिनके आधार पर हम ज्ञान और दार्शनिक चिन्तन की समस्या के दार्शनिक समाधान की ओर अग्रसर हो सकें।

विचार सामान्य होते हैं और अपने-आप-में जो वस्तु है वह विशेष होती है। बौद्ध तर्कशास्त्री मानते हैं कि विचार बुद्धि के विकल्प हैं इसलिए इनका अस्तित्व नहीं होता और अपने-आप-में-वस्तु सत् है उसका अस्तित्व है किन्तु वह चतुष्कोटि विनिर्मुक्त है। बाह्य वस्तुएँ सदैव द्रव्य होती हैं, व्यक्ति होती हैं, वे सदैव पृथक् शक्ति होती हैं परन्तु बुद्धि उन्हें नहीं जान सकती। बुद्धि केवल उनके विचारों को जान सकती है, जाति को जान सकती है और जाति सदैव विकल्प होती है। सत् का साक्षात् यानि स्वलक्षण प्रत्यक्ष होता है और जिसका साक्षात् प्रत्यक्ष होता है वह सत् है। काल्पनिक नामजात्यादियोजना विकल्प और बाह्य सत् के बीच सम्बन्ध की भ्रान्ति से सामान्य उत्पन्न होता है। ये लोग स्वलक्षण प्रत्यक्ष से प्राप्त निर्विकल्पक ज्ञान को सर्वोच्च महत्त्व देते हैं और सविकल्पक ज्ञान जिसे हम अनुमान से जानते हैं, को तार्किक विकल्प स्वीकार करते हैं। स्वलक्षण दार्शनिक विश्लेषण का विषय नहीं है; साधना का विषय है और उससे किसी ऐसी सत्ता की प्राप्ति नहीं होती जो दार्शनिक चिन्तन के हेतु के रूप में काम करती हो। यहाँ दर्शन का अन्त हो जाता है और साधना आगे बढ़ती है।

अद्वैत वेदान्ती यह मानते हैं कि हमारे ज्ञान और अनुभव का संसार विषय और विषयी का हैं। कोई भी विचार और कोई भी वस्तु परम सत् नहीं है। परम सत् विचार और वस्तु से परे

है। हमारे ज्ञान से, हमारी बुद्धि की पकड़ से बाहर होने या अतीन्द्रिय होने से अगोचर तत्त्व ज्ञान का विषय और इसी प्रकार दार्शनिक अनुचिन्तन का विषय नहीं हो सकता। अपरोक्षानुभूति जिसके समक्ष बुद्धि गौण है को प्राथमिकता दी गई है। बुद्धि से हम जो कुछ जानते हैं वह भ्रम (अध्यास) है[7]। वह सत् नहीं हो सकता, सत् की तो अपरोक्षानुभूति होती है। सत् को हम केवल सत् होकर ही जान सकते हैं[8]। दार्शनिक चिन्तन साधना की साधिका है और इसलिए इससे किसी साधनामूलक न कि दार्शनिक उद्देश्य की पूर्ति होती है।

नागार्जुन, जयराशि तथा कुछ हद तक श्रीहर्ष की जो वितण्डावादी तर्कणाएँ हैं वे युक्तियों के खण्डन पर केन्द्रित हैं।[9] उनके हाथों में युक्ति और तर्क का कोई स्वतन्त्र अस्तित्व नहीं है परन्तु वे तत्त्वमीमांसीय और ज्ञानमीमांसीय संरचनाओं से स्वतन्त्र करने के मार्ग को प्रशस्त करती है। उनका बौद्धिक विलास अपने उद्देश्य में गैर-बौद्धिक प्रतीत होता है।

बाह्य वस्तुओं की दुनिया और विचारों की दुनिया के द्वैत की जो द्वन्द्वात्मक स्थिति है उनके समाधान के अनेकों प्रयास किए गए हैं जिसमें से कुछ दृष्टान्तों को हम यहाँ रखते हैं –

> यथार्थवादी (वस्तुवादी) व्यक्ति और जाति दोनों को निरपेक्ष सत्ताएँ मानते हैं। दोनों का ज्ञान सम्पर्क ज्ञान के माध्यम से होता हैं। – यथार्थवादी
>
> दोनों स्वतन्त्र हैं परन्तु ज्ञान के लिए जो बाद वाला (सामान्य) है वह पहले वाले (बाह्यवस्तु) पर आश्रित है। – न्याय-वैशेषिक
>
> दोनों में से किसी की भी सत्ता नहीं हैं और वे सत् एवं अतीन्द्रिय सत्ता पर आरोपित या उसके विवर्त हैं। – शांकर-वेदान्त
>
> दोनों सत् हैं, किन्तु अंगांगी रूप में। ये अतीन्द्रिय सत् के अवयव हैं। – रामानुज वेदान्त
>
> अतीन्द्रिय सत्, चेतन और सर्वव्यापक है। इस दृष्टिकोण के अनुसार व्यक्ति और जाति ज्ञानमीमांसीय द्वैतताएँ हैं। – भर्तृहरि और विज्ञानवादी

ज्ञान के विषयों – व्यक्ति, जाति या दोनों के समाधान सम्बन्धित वाद-विवाद को लेकर भारतीय

---

7 अतस्मिंस्तद्बुद्धिः। – *अध्यासभाष्य*

8 ब्रह्म वेद ब्रह्मैव भवति। – *मुण्डकोपनिषद्* 3.2.9

9 तत्त्वमीमांसीय और ज्ञानमीमांसीय तत्त्वों की सिद्धि के लिए दिए गए प्रमाणों और तर्कों के विरुद्ध नागार्जुन ने *माध्यमिक कारिका* में, धर्मकीर्ति ने *प्रमाणवार्तिक* में, जयराशि ने *तत्त्वोपप्लवसिंह* में और श्रीहर्ष ने *खण्डनखण्डखाद्य* में द्वन्द्वात्मक तर्कणा किये हैं। इन लोगों ने रूढ़िवादी तरीक़े से दिए गए तर्कों का खण्डन यह सिद्ध करते हुए किया है कि वे दृढ़ नहीं है; वे अपने अभिप्रायों को सिद्ध करने में असफल हैं।

और पाश्चात्य परम्पराओं में अनेक सिद्धान्त मिलते हैं।

संक्षेप में, आन्तरिक और बाह्य विषयों की समस्या उनके ज्ञान पर स्थानान्तरित हो गई हैं। ज्ञान को ध्यान में रखकर ज्ञान के स्वरूप के बारे में, ज्ञान के विषय से इसके भेद के बारे में, बाह्य वस्तु और ज्ञान के विषय के बारे में, ज्ञान के प्रकारों के बारे में, ज्ञान की सत्यता और वैधता के बारे में और अन्ततः ज्ञान की सीमा के बारे में अनेकों सूक्ष्म मुद्दे उठाए गए हैं।

विचार और बाह्य जगत् की वस्तुओं के द्वैत को स्वीकार करके अर्थात् यदि हम व्यक्ति और जाति के द्वैत को लेकर दोनों में से किसी एक को सत् और दूसरे को विकल्प मानकर दार्शनिक अनुचिन्तन करें तो दोनों में से किसी एक को ज्ञान का विषय मानने में दूसरे की उपेक्षा होगी। अगर दोनों को ज्ञान का विषय मानें तो उनका ज्ञान इन दोनों से परे होगा। यहाँ दो स्थितियाँ उत्पन्न होंगी –

(अ) ज्ञान हमेशा विषय का ज्ञान होता है अर्थात् ज्ञान और ज्ञान के विषय दोनों अभिन्न हैं, और

(ब) ज्ञान और ज्ञान के विषय के भेद को स्वीकार करना पड़ेगा।

पहली स्थिति अगर मानें तो ज्ञान और ज्ञान के विषय दोनों अभिन्न नहीं हो सकते क्योंकि ज्ञान की वस्तु स्वरूपतः ज्ञान से भिन्न होती है। अन्यत्व अथवा भिन्नता ज्ञान के विषय का लक्षण है न कि ज्ञान के विषय के ज्ञान का लक्षण है। बौद्ध दार्शनिक निर्विकल्पक ज्ञान को मूल मानते हैं जिसके द्वारा सत् (स्वलक्षण) को जाना जाता है। उनके अनुसार सविकल्पक ज्ञान बुद्धि का विकल्प है अतः स्वलक्षण ज्ञान का विषय नहीं हो सकता।[10] मेरा मत है कि यदि ज्ञान हमेशा विषय का ज्ञान है तो यह सविकल्पक होगा। अगर ऐसा नहीं है तो ज्ञान के विषय की पहचान विषय के रूप में भी नहीं होगी। अगर हम यह मानें कि हम विशेष या व्यक्ति को देखते हैं किन्तु वह स्वलक्षण है और उसे हम बुद्धि के विकल्प के रूप में अनुमान से जानते हैं तो एक द्वन्द्वात्मक स्थिति पैदा हो सकती है जिसमें हम साक्षात् अनुभव तो करते हैं व्यक्ति (स्वलक्षण) का किन्तु जानते हैं विकल्प[11] (सामान्य) को। ये बात तो यह कहने की तरह है कि हम देखते तो चींटी को

---

10 बौद्धों की प्रमाण-व्यवस्था सिद्धान्त के अनुसार किसी वस्तु को एक से अधिक ज्ञान के साधनों (प्रमाणों) द्वारा नहीं जान सकते। प्रत्यक्ष का विषय अनुमान का विषय नहीं होता और इसी तरह अनुमान ज्ञान का विषय अनुमान प्रमाण का विषय होता है न कि प्रत्यक्ष प्रमाण का। स्वलक्षण प्रत्यक्ष का विषय होता है और विकल्प (सामान्य लक्षण) अनुमान का, जो कि नामजात्यादियोजना का ज्ञान है। संवृत्ति (विकल्प) की व्यवस्था अनुसार आग की अनुमिति हमारे आग के प्रत्यक्ष ज्ञान में नहीं होती।

11 नामजात्यादि।

हैं किन्तु दृष्ट चींटी को विकल्पित रूप में ही जान सकते हैं।[12] ज्ञान हमेशा सविकल्पक, निर्धारित और विविक्त होता है। यहाँ तक कि शंका या संशयात्मक ज्ञान को भी सन्देह के रूप में हम निर्धारित और विविक्त रूप में जान सकते हैं। अगर ऐसा न मानें तो हम यह भी नहीं जाने कि सन्देह भी होता है। शंका को भी हम सन्देह के रूप में ही हम जानते है। अनुमान, लिंग द्वारा वस्तु का संकेत भर करता है इसलिए यह स्वलक्षण का निर्धारणपूर्वक ज्ञान नहीं करा सकता। सविकल्पक विकल्पों से भिन्न निर्विकल्पक या स्वलक्षण का ज्ञान तभी सम्भव होगा जब यह विविक्त और निर्धारित रूप में वैसा जाना जाए किन्तु, बौद्ध लोग इसको स्वीकार नहीं करेंगे क्योंकि वे स्वलक्षण को निर्विकल्पक ज्ञान मानते हैं (उसमें नामजात्यादियोजना नहीं होती)।

दर्शनशास्त्र की पद्धति साधना की पद्धति नहीं है।[13] साधना को जगह देने के उपाय के रूप में दर्शन की उपेक्षा कर देना विवेकी लोगों की प्रणाली नहीं है। विवेकी को विवेकी इसलिए कहते हैं क्योंकि उसे विशेष और सामान्य समस्याओं का निश्चयात्मक ज्ञान होता है। उसके लिए ज्ञान का विषय चाहे वह काल्पनिक ही क्यों न हो असत् नहीं अपितु, निश्चयात्मक और विविक्त सत् होता है। कोई भी चीज़ विकल्प (विषय) हो सकती है किन्तु उसका भी उस रूप में ज्ञान निश्चयात्मक होता है। ऐसा न हो तो निःसन्देह विकल्प के रूप में भी उसका ज्ञान नहीं होगा। विकल्प का अर्थ भिन्न होना है न कि काल्पनिक। किसी ज्ञान विशेष में ज्ञान के विषय की भेदक भाषा होती है और इसी वजह से हमको विषय का स्पष्ट बोध होता है। ज्ञान की निर्धारक भाषा है।

पाश्चात्य और भारतीय दार्शनिक सम्प्रदायों की सामान्य राय है कि भाषा और विचार अलग-अलग होते हैं। भाषा उपकरण (साधन) है जिसके द्वारा विचार व्यक्त होते हैं। मेरा मानना है कि विचार के रूप में विचार हमेशा सत् होता है। सत् विचार से स्वतन्त्र हो सकता है लेकिन ज्ञान के लिए वह विचार से स्वतन्त्र नहीं होता। विचार किसी सत् का विचार हो सकता है चाहे वह सत् अस्तित्ववान हो या अनस्तित्ववान। कुछ सिद्धान्तियों के मत में सत्-पदार्थ[14] का प्रत्यक्ष इन्द्रियों द्वारा होता है, बुद्धि उन प्रत्यक्ष संवेदनाओं से विचार का निर्माण करती है और जब विचारों को अभिव्यक्त करने की आवश्यकता होती है तब भाषा को काम में लाना पड़ता है। यहाँ दार्शनिक समस्याएँ संक्षिप्त होकर सत्, विचार और भाषा तक सीमित हो जाती हैं। किसी को ऐसा लग सकता है कि दर्शन के सम्बन्ध में कोई अपनी अवधारणा बनाने के लिए मैं

---

12 देखते हैं स्वलक्षण को और जानते हैं विकल्प को।

13 दर्शनशास्त्र में अनुचिन्तन होता है, साधना के मार्ग की समस्याओं को स्पष्ट करने में उपयोगी है परन्तु यह साधना नहीं है।

14 यहाँ सत्-पदार्थ का तात्पर्य बाह्य वस्तु से है।

सदैव दूसरों की अवधारणा के विरुद्ध तर्क कर रहा हूँ, और इसलिए कोई यह पूछ सकता है कि क्या मैं दार्शनिक अनुचिन्तन कर रहा हूँ? अगर किसी सम्प्रत्यय को उसकी समग्रता की दृष्टि में जानने के लिए मैं अनुचिन्तन करता हूँ तो मुझे जितनी भी मेरे समय तक की उस सम्प्रत्यय पर प्रसिद्ध अवधारणाएँ हैं; उनका अवलोकन करना होगा। सम्प्रत्यय बोध पर ही हमारा दैनन्दिन व्यवहार आधारित होता है। अगर सम्प्रत्यय स्पष्ट नहीं है तो हम ठीक ढंग से व्यवहार नहीं कर पाएंगे। एक साधारण बिना पढ़ा-लिखा व्यक्ति सम्भवतः सत् की हमारी या आपकी अवधारणा को नहीं जानता लेकिन वह उस सत् पदार्थ का जिस तरह से लोक-व्यवहार में प्रयोग होता है, जानता है। व्यवहार में भाषा जिस रूप में स्पष्ट सम्प्रत्यय को प्रकाशित करती है उसी से ऐसा सम्भव होता है। सत्ता पद से हमारा तात्पर्य भाषा द्वारा प्रकाशित अर्थ से है। विचार की भी सत्ता होती है जिसे हम बाह्य वस्तु की सत्ता के विरुद्ध उपचार या बौद्ध सत्ता कहते हैं और जो भाषा से प्रकाशित होती है। भाषा और अर्थ दोनों बौद्ध सत्ताएं है और ये ही ज्ञान के विषय है।

13. Is Philosophy a Subjective, an Objective or a Cognitive Reflection? (क्या दर्शन आत्मगत-चिन्तन, वस्तुगत-चिन्तन अथवा बोधमूलक अनुचिन्तन है?)

A DISCUSSION on this point is useful in deciding the nature of philosophy as a cognitive activity par excellence.

i. Some thinkers opine that philosophy is a subjective reflection. They think that in reflections, the consciousness is not directional to the external things but to the consciousness itself or the self because immediacy is the object of reflection and that is not a type of object consciousness. But this definition differentiates philosophical reflection from other reflections concerning different types of object-consciousness and, finally, it leads to contemplation where no response is possible.

ii. Those who accept philosophy as an objective reflection may criticize that subjective reflection cannot cause a disease of treating consciousness as an object. Consciousness cannot turn to itself and, therefore, there is no possibility of a self-awareness of self-awareness also. According to them, consciousness is directional; it is consciousness of some or the other object. If this is so, then there will not be a possibility of philosophy because consciousness can get no freedom from object consciousness or it can place consciousness or itself as the object of reflection but the same consciousness cannot be the agent and object simultaneously, and hence no possibility of being self-conscious, thus its autonomy is questioned.

iii. This view on the nature of reflection is concerned with the theorists who accept that philosophy transcends all modes of subjective and objective consciousness. Here lies the autonomy of philosophy. To be self-conscious means to occupy a non-objective form of consciousness. But, if this is so, then, that form of consciousness will not be free from the subjective form of it. If philosophy is taken as self-conscious activity concerned with the problems involved in the conceptuality of the concepts and if arguments and counter arguments are applicable within it and not outside the system, how is the discourse possible? How can we argue with, communicate and convince others to an activity acclaimed as cognitive? It cannot be taken as a matter of rational tastes and temperament. The situation may lead to religion if philosophy as a constant dialogue with the mind is accepted. Over all, if concepts are abstractions – abstracted differently on the basis of experiences of different attributes and functions, and, hence, different from one another, how can a dialogue and communication be possible? How can one claim a better philosophy comprising of full compatibility and adequacy? Can abstraction without language be possible? And even if possible, can it be of any philosophical significance without language? The problems raised above are concerned with the centrality of language in a philosophical activity.

iv. The generally accepted view of philosophy as subjective, objective or non-objective reflection considers cognition in relation to language, object (not only logical but ontic as well) and truth that comes from the epistemological proofs and justification. In such reflections, all the three are separate entities. We know that self-consciousness flows when the objective flow of mind or the object consciousness stops and vice versa, and this flow is not exhausted with the satiation of some specific problem. There is always a possibility that one or the other problems confronts with the mind. If language and thought are independent from one another, then philosophy, as a self-conscious activity, will not be possible. It will not be then the self-awareness of the awareness of the thoughts/ideas, which are only intelligible objects. Philosophy is acclaimed as the critique of knowledge not in the sense of experiencing and abstracting, verifying or confirming the cognition of things but in the sense of self-awareness of the principles and laws in the understanding of the very flashing of the concept and in analysing the problems thereof which belong to the object of awareness also.

v. Philosophy has a transcending nature. It reflects not merely on the objects that confronts, but on its reflections thereof; it neither stops to things nor any of the thoughts about the things; neither it swings between the things and the thoughts, rather it transcends them all in the process of clear understanding of the things and thoughts. It is not identical with the history of philosophy; it has its own identity, which is not motionless but always creative and that is its very nature. This is distinct from history of other disciplines of learning, history of philosophy and philosophy of history. Philosophy is a reflective activity, philosophical reflections confront only with the problems – practical or theoretical

– as the object of cognition and not with the things-in-itself – internal or external which are transcendental to cognition and reflection thereon.

इस बिन्दु पर विवेचन सर्वोत्कृष्ट ज्ञान की प्रक्रिया[15] के रूप में दर्शन के स्वरूप को निश्चित करने की दिशा में उपयोगी है।

1. कुछ विचारक यह मानते हैं कि दर्शन आत्मगत-चिन्तन है। उनका मानना है कि अनुचिन्तन में चेतना बाह्य विषयों की ओर उन्मुख नहीं होती अपितु स्वयं चेतना (आत्मा) पर ही केन्द्रित रहती है क्योंकि अनुचिन्तन का विषय प्रत्यक् (अपरोक्ष) (immediacy) होता है जो कि वस्तुगत-चेतना का एक प्रकार नहीं है। यह परिभाषा विभिन्न प्रकार के वस्तुगत-चेतना के अनुचिन्तन से दार्शनिक चेतना को भिन्न करती है और अन्ततः साधना की तरफ़ ले जाती है जहाँ कोई संवाद सम्भव नहीं है।
2. जो लोग दर्शन को वस्तुगत-अनुचिन्तन मानते हैं वे यह आलोचना करते हैं कि आत्मगत-चिन्तन चेतना को एक वस्तु मानने का दोष उत्पन्न नहीं कर सकता। चेतना स्वयं पर अनुचिन्तन नहीं कर सकती[16] और इसलिए स्व-चेतना की स्व-चेतना नहीं हो सकती। उनके अनुसार चेतना बहिर्मुखी होती है और ये किसी न किसी विषय की चेतना होती है। अगर ऐसा है तो दार्शनिक चिन्तन की सम्भावना नहीं हो पाएगी क्योंकि चेतना वस्तु-चेतना से स्वतन्त्र नहीं हो पाएगी और इसीलिए स्व-चेतन होने की सम्भावना नहीं बनेगी अथवा चेतना को ही अनुचिन्तन का विषय बना लेगी परन्तु वही चेतना एक साथ विषयी और विषय दोनों नहीं हो सकती। इस तरह दार्शनिक अनुचिन्तन की स्वायत्तता पर सवाल उठता है।
3. इस मत में अनुचिन्तन का स्वरूप उन सिद्धान्तियों से सम्बन्धित है जो यह मानते हैं कि दर्शनशास्त्र आत्मगत और वस्तुगत दोनों प्रकार की चेतनाओं से बढ़कर या उनका अतिक्रामी होता है। इसी में दर्शन की स्वायत्तता है। आत्मचेतन होने का अर्थ है चेतना की एक ग़ैर-वस्तुगत स्थिति। किन्तु अगर ऐसा मानें तो उस तरह की जो चेतना है वह इसके आत्मगतता (विषयीचेतना) से स्वतन्त्र नहीं होगी। किसी सम्प्रत्यय की अवधारणात्मक क्रिया पर किसी समस्या को लेकर अगर स्व-चेतन क्रिया दर्शन है और यदि पक्ष–विपक्ष में तर्क उसी सन्दर्भ में प्रयोग करने योग्य है न कि किसी बाह्य वस्तुतन्त्र

15 Cognitive activity par excellence.

16 न हि द्रष्टुर्दृष्टेर्विपरिलोपो विद्यतेऽविनाशित्वात्। – बृ॰उ॰ 4.3.23

में तो प्रश्न उठता है कि संवाद कैसे सम्भव होगा? जिसको हम बोधमूलक क्रिया कहते हैं उस क्रिया के बारे में किस तरह हम तर्क और व्यवहार कर सकते हैं और दूसरे को उस क्रिया के बारे में विश्वास दिला सकते हैं। इसे बौद्धिक रुचि और प्रवृत्ति के विषय के रूप में नहीं ले सकते। अगर चेतना पर ही होने वाले निरन्तर संवाद को दर्शन मानें तो यह हमें धर्म (रिलीज़न) की ओर ले जाएगा। बहरहाल अगर हम सम्प्रत्यय को अमूर्त मानें अर्थात् अनेक गुणों और क्रियाओं के अनुभव के आधार पर एक-दूसरे से भिन्न अनेक क्रियाओं से अमूर्तीकृत मानें तो संवाद और व्यवहार कैसे सम्भव होगा? कोई कैसे दावा कर सकेगा कि उसका दर्शन सर्वोत्तम है और इसमें सम्पूर्ण दक्षता (compatibility) और उपयुक्तता (adequacy) निहित है? क्या कोई भी अमूर्तीकरण भाषा के बिना सम्भव हो सकता है? और अगर यह सम्भव भी होता है तो क्या कोई दर्शन भाषा के बिना अपने अभिप्राय को बता पाएगा? उपरोक्त समस्याएँ दार्शनिक या अनुचिन्तनात्मक क्रियाओं में भाषा की प्रधानता से सम्बन्धित हैं।

4. आत्मगत, वस्तुगत और ग़ैर-वस्तुवादी अनुचिन्तन के रूप में सामान्य रूप से स्वीकृत दार्शनिक चिन्तन ज्ञान को भाषा, सत् (reality) (तात्त्विक ही नहीं बल्कि तार्किक भी) और सत्य (truth) जो ज्ञानमीमांसीय प्रमाणों और औचित्यों से प्राप्त होते हैं, के सम्बन्ध को लेकर ही समझा है। ऐसे अनुचिन्तन में भाषा, वस्तु और सत्य तीनों अलग-अलग चीज़ें हैं। हम जानते हैं कि जब विषयी-चेतना का प्रवाह बन्द होता है तो स्व-चेतना प्रवाह में आती है और इसी तरह जब स्व-चेतना का प्रवाह समाप्त हो जाता है तो चेतना विषयगत हो जाती है। स्व-चेतनात्मक प्रवाह किसी एक समस्या के समाधान से समाप्त नहीं हो जाता बल्कि किसी न किसी समस्या-विशेष से हमारी बुद्धि टकरा सकती है ऐसी सम्भावना हमेशा बनी रहती है। यदि भाषा और विचार एक-दूसरे से निरपेक्ष हैं तो स्व-चेतनात्मक क्रिया के रूप में दर्शन सम्भव नहीं होगा और तब यह विचारों की या बौद्ध-विषयों की चेतना की स्व-चेतना नहीं होगी।[17] दर्शन को ज्ञान की समीक्षा के रूप में दावा किया जाता है न कि अनुभव करने, अमूर्तीकरण की क्रिया करने, सत्यापन और वस्तु के ज्ञान के दृढ़ीकरण के अर्थ में अपितु सम्प्रत्ययों के प्रकाश में निहित नियमों और सिद्धान्तों की स्व-चेतना तथा विषय की चेतना से सम्बन्धित समस्याओं के विश्लेषण के अर्थ में।

5. दर्शन अतिक्रामी स्वभाव का होता है। जो वस्तुएँ हमारी बुद्धि से टकराती हैं यह केवल

---

[17] स्व-चेतन होने के लिए विषय की ज़रूरत होती है और विचार ही वह विषय है जिससे बुद्धि स्व-चेतन होती है। अगर विषय के रूप में विचार न हो तो स्व-चेतन दार्शनिक क्रिया सम्भव नहीं होगी।

उन्हीं पर अनुचिन्तन नहीं करता बल्कि उन अनुचिन्तनों में भी जो समस्याएँ आती हैं उन पर भी अनुचिन्तन करता है। यह अनुचिन्तन वस्तु तक आकर रुकता नहीं और न ही वस्तुओं के विचारों पर समाप्त हो जाता है; और न ही विचार और वस्तु के बीच में यह दोलन करता है अपितु वस्तु और विचार की स्पष्ट समझ की प्रक्रिया में दर्शन उन सभी क्रियाओं का अतिक्रामी होता है। दर्शन के इतिहास के साथ दर्शन का तादात्म्य नहीं माना जा सकता। इसकी अपनी पहचान है जो गतिहीन नहीं है अपितु हमेशा सर्जनात्मक है और यही इसका अपना स्वरूप भी है। अन्य विधाओं के अध्ययन के इतिहास, दर्शन के इतिहास और इतिहास के दर्शन से यह भिन्न है। दर्शन अनुचिन्तनात्मक क्रिया है। समस्याएँ चाहे वे व्यावहारिक हो या सैद्धान्तिक उन्हें दार्शनिक अनुचिन्तन ज्ञान के विषय के रूप में ही ग्रहण करता है न कि ज्ञान और अनुचिन्तन से परे किसी बाह्य या आन्तरिक वस्तु के रूप में।

14. Philosophy Is a Cognitive Activity Par Excellence (दर्शन उच्चतम ज्ञानमूलक क्रिया है)

Philosophy overcomes the problem of relation caused by the theories which state that in a reflection, cognition, language and reality are three separate beings or existences, by taking intelligible beings of language and that of the meaning as expressed by language itself. The cognition expressed by language is determinate as it is infused by language and, being revealed, it is self-veridical. It is self-veridical and, hence, serves as cognitive ground of epistemological proofs, justifications and evidences advanced later on for convincing others about the verity of the cognition revealed first by language itself. Had the knowledge expressed in the mind not been determinate and veridical, reliability and leadership in the philosophical reflections would have not been possible; there would have no object and a cognitive base of reflections and then there would be no sense of autonomy of language. Truth and falsity, based on epistemological proofs, verification, confirmation, falsification, compatibility, incompatibility, adequacy, dissatisfaction and the like, serve only as a demarcating line between logical truth and falsity of cognition on the basis of availability and absence of referents in the experience. But the verity of cognition revealed in a self-conscious activity is foundational in all activities of testifying, verifying or falsifying on the basis of experience for convincing others about the verity in a logical/empirical manner.

In the history of philosophy, we find that philosophers are mostly involved in intuitive speculations, faith, reasoning, emotion and experience in a particular period of time. Intuition in Early Greek, as we find in Socrates, Plato and Aristotle, faith in medieval period and dominance of perception and conjecture in the history of modern philosophy can well be noticed. These philosophies speculate and analyse the situation of human experience, faith and knowledge. Contemporary Western philosophy is marked as the critique of experience with a wonderful analytical skill. However, the possibility of reflecting on the nature and function of knowledge, the nature and role of language in knowledge and the determination of object-proper for a holistic rationalization is still open before philosophers and we hope that reason with analytical excellence will shift reflections on the issues of philosophy-proper in future.

Is philosophy a cognitive activity par excellence because of being a reflection on the consciousness itself? The reflecting consciousness at the same time cannot be reflected. Moreover, consciousness-in-itself is transcendental to its reflections and, thus, it is logically impossible to say that consciousness stands as an object in a self-conscious activity. Metaphysical or physical things or thing-in-itself, being transcendental to a reflective activity, can be the objects of contemplation and hence of religion in a sense of the term. But metaphysical theories/concepts/thoughts and different sorts of ideologies are included in the object-proper of the reflecting activity. The problem that causes incentive for reflecting comprises of confusion, inadequacy, inconsistency and ill universalization or any of the problems in a conceptualization and the purpose of reflecting on them is to remove those confusions, etc. for clarity and concept. This way of doing philosophy has a constant future and hence, needless to conjecture the death of philosophy. It was reflective, it is and it will be a reflective activity.

In brief, philosophical reflections are different from the subjective and objective mode of speculations based on the idea of the problems as problems themselves. There can be no problem by itself. All problems are problems for self–conscious humans. Problems expressed in mind are intelligible being, that are awareness in nature and this awareness makes the flow of self-conscious activity possible. Reflective consciousness starts when the objective consciousness stops and it stops when the latter starts. There is difference between the subjective and objective consciousness. In the former, consciousness turns to the self or mind while it is directional to outwardly objects in the latter. The former is not different from contemplation while the latter is a type of object of senses and not of consciousness. The reflective consciousness includes theoretical problems caused there with the former and the latter mode of thinking. This very character of philosophical reflection differentiates philosophy from other disciplines on the one hand and on the other hand considers the philosophy of religion, philosophy of sociology, philosophy of art, philosophy of history, philosophy of science, etc. distinctly as included in the realm of philosophy. Daya Krishna rightly observes: "Here is a region, a realm, a set of problems. It only needs a name and we submit that the word 'philosophy' can adequately perform this function." (1955: 215, 225)

दार्शनिक अनुचिन्तन में बोध, भाषा और सत् तीन प्रकार की पृथक् सत्ताएँ हैं ऐसा मानने वाले सिद्धान्तों में सम्बन्ध की जो समस्या उत्पन्न होती है दर्शन उसका समाधान भाषा और उससे प्रकाशित अर्थ को बौद्ध-सत्ता मानकर करता है। भाषा से प्रकाशित अर्थ भाषा से अनुविद्ध होने के कारण निर्धारित होता है और प्रकाशित होने के कारण यह स्वयं-सत्य (self-veridical) या सच्चा होता है। यह अपने-आप में सच ज्ञान होता है और यही कारण है कि भाषा द्वारा प्रकाशित बोध की सत्यता के बारे में दूसरे को विश्वास दिलाने हेतु बाद में दिए गए ज्ञानमीमांसीय

प्रमाणों, औचित्यों और साक्ष्यों के बोधमूलक आधार के रूप में कार्य करता है। अगर बुद्धि प्रकाशित ज्ञान निर्धारित और सच्चा नहीं होता तो दार्शनिक अनुचिन्तन में विश्वसनीयता और नेतृत्व सम्भव नहीं होता; अनुचिन्तन का विषय और उसका ज्ञानमूलक आधार नहीं होता और तब भाषा की शक्ति की स्वायत्तता का कोई अर्थ नहीं होता। ज्ञानमीमांसीय प्रमाण, सत्यापनीयता, निःसंन्दिग्धता, मिथ्यापनीयता, योग्यता, अयोग्यता, उपयुक्तता और असन्तोष इत्यादि आनुभविक जगत् में वस्तुओं की उपलब्धता तथा अनुपलब्धता के आधार पर ज्ञान की तार्किक सत्यता और असत्यता के बीच एक भेदक के रूप में काम करते है। परन्तु सत्य के बारे में तार्किक या आनुभविक तरीक़े से दूसरों को आश्वस्त करने के लिए जो सत्यापनीयता, मिथ्यापनीयता या परीक्षण इत्यादि क्रियाएँ होती हैं उनका मूल आधार स्व-चेतन क्रिया में प्रकाशित ज्ञान की सच्चाई ही होती है।

दर्शन के इतिहास में हम पाते हैं कि दार्शनिक कुछ ख़ास समयावधि में क्रमशः अन्तःप्रज्ञा, आस्था, तर्क, भावना और अनुभव से जुड़े रहे। प्रारम्भिक ग्रीक, जैसाकि हम पाते हैं सुकरात, प्लेटो और अरस्तु में प्रातिभज्ञान, (intuition) मध्यकालीन दर्शन में आस्था तथा आधुनिक दर्शन के इतिहास में हम प्रत्यक्ष और अनुमान का प्रभुत्व देखते हैं। ये दर्शन मानवीय अनुभव, आस्था और ज्ञान की स्थितियों पर चिन्तन और विश्लेषण करते हैं। समकालीन पाश्चात्य दर्शन एक जबरदस्त विश्लेषणात्मक तर्क से युक्त अनुभव की समीक्षा के रूप में चिह्नित किया जाता है। ज्ञान के स्वरूप और क्रियाओं में भाषा के स्वरूप और कार्य तथा बोधमूलक दार्शनिकीकरण के लिए उचित विषय के निर्धारण पर दार्शनिक अनुचिन्तन की सम्भावना अभी भी दार्शनिकों के लिए खुली हुई है, और हम सभी उम्मीद करते हैं कि विश्लेषणात्मक प्रतिभा के साथ दार्शनिकों की बुद्धि भविष्य में इन उचित दार्शनिक विषयों पर अपना अनुचिन्तन स्थिर करेगी।

क्या चेतना सम्बन्धी समस्याओं पर अनुचिन्तन होने के कारण दर्शन सर्वोत्कृष्ट ज्ञान-सम्बन्धी क्रिया है? अनुचिन्तनात्मक चेतना उसी क्षण अनुचिन्तनात्मक क्रिया का विषय नहीं होती। बहरहाल अपने-आप-में-चेतना अपने अनुचिन्तन की अतिक्रामी होती है और इस तरह यह कहना सम्भव नहीं होगा कि स्व-चेतन क्रिया में स्वयं चेतना विषय बनती है। अपने-आप में-वस्तु तत्त्वमीमांसीय हो या भौतिक हो अनुचिन्तनात्मक क्रिया की अतिक्रामी होने से वह ध्यान का विषय हो सकती है और इसीलिए एक अर्थ में धर्म का विषय हो सकती है। लेकिन तत्त्वमीमांसीय सिद्धान्त/अवधारणाएँ/विचार और अनेक प्रकार के मत इस अनुचिन्तनात्मक क्रिया के समुचित विषय बनते हैं। समस्या जो अनुचिन्तन के लिए प्रेरित करती है यथा – संशय, असंगतता, अपर्याप्तता और ग़लत सामान्यीकरण अथवा इनमें से कोई भी अवधारणात्मक समस्याओं में ही सन्निहित होती है और उन पर अनुचिन्तन करने का उद्देश्य उन संशयादि

समस्याओं को दूर करना होता है ताकि सम्प्रत्यय की समझ और स्पष्टता हो सके। "इस तरह से दार्शनिक क्रिया होते रहने का एक सतत भविष्य है और इसीलिए दर्शन की मृत्यु की अटकलें अनावश्यक हैं।" यह अनुचिन्तनात्मक था, है और अनुचिन्तनात्मक क्रिया रहेगी।

संक्षेप में, "कोई समस्या अपने आप में समस्या है" इस विचार को आधार करके दिए जाने वाले विषयीनिष्ठ और वस्तुनिष्ठ चिन्तनों से दार्शनिक अनुचिन्तन भिन्न होता है। दार्शनिक अनुचिन्तन के लिए कोई भी समस्या अपने आप में समस्या नहीं होती। प्रत्येक समस्या स्व-चेतन मनुष्य की समस्या होती है। बुद्धि में जो समस्याएँ प्रकाशित होती हैं वे बोधगम्य-सत्ताएँ होती हैं; वे स्वभावतः बोध (awareness) रूप अर्थात् विचार रूप होती हैं और इस बोधरूपता की वजह से ही उन पर स्व-चेतनात्मक क्रियाएँ सम्भव होती हैं। जब वस्तु-विषयक चेतना विराम लेती है तो अनुचिन्तनात्मक चेतना आरम्भ होती है और जब अनुचिन्तनात्मक चेतना विराम लेती है तो वस्तु-विषयक चेतना आरम्भ होती है। विषयीगत और विषयगत इन दोनों चेतनाओं में अन्तर है। पहले में चेतना स्वयं की ओर देखती है जबकि विषयगत चेतना वस्तुनिष्ठ होती है[18]। पहली चेतना मनन या ध्यान से अलग नहीं है जबकि दूसरी वस्तु की चेतना होती है। वे सभी समस्याएँ जो दोनों प्रकार के चिन्तनों से उत्पन्न होती हैं अनुचिन्तनात्मक चेतना के अन्तर्गत सम्मिलित होती है। दार्शनिक अनुचिन्तन का यह स्वरूप दूसरी विधाओं से एक तरफ़ दर्शन को पृथक् करता है तो दूसरी ओर धर्म दर्शन, समाज दर्शन, कला दर्शन, इतिहास दर्शन, विज्ञान दर्शन को स्पष्ट रूप से दर्शन के क्षेत्र में सम्मिलित करता है। दयाकृष्ण का यह निरीक्षण समुचित है कि "इसकी एक भूमि है, क्षेत्र है, समस्याओं का एक समूह है जिसको एक नाम देने की ज़रूरत है और हम इसे दर्शन नाम देते हैं, जो ठीक प्रकार से इस कार्य को कर सकता है।" (1955: 215, 226)

15. Is Philosophy an Autonomous Activity? (क्या दर्शन एक स्वशासी क्रिया है?)

THE idea of philosophy as an autonomous discipline provides us the points for reflecting on the question "what is not philosophy?". It is popularly taken that philosophy has no definite definition. Different theorists with the interest of their own theories have different conceptions of it. However, all agree on the point that it

---

18 पराञ्चि खानि व्यतृणत्स्वयंभूस्तस्मात्पराङ्पश्यति नान्तरात्मन्। – कठोपनिषद् 2.1.1.

is a reflection, independent from any kind of prejudice, bigotry to a thought, authority or assumption. It is not just a logical skill of induction and deduction because it exercises its excellence even on them so as to find their indisputability, clarity and proper perception. It trusts worshipping neither of philosophers nor their systems but the ideas and the arguments made by them, to bring to light the problems involved in the conceptuality of the concepts in different theorizations and to expose the stages of rationality they reach.

Is language autonomous and independent of reality and thought? It is a self-contradictory question. Scholars talk about autonomy of linguistics, syntax, semantics and other studies, showing that without any interdependence they can be studied separately as an independent system. Autonomy is approached from two senses – the internal and the external. In the former sense, the autonomous is one that is constituted by rules. This position may culminate in interdependence of everything. In the latter, the term is used in the ontic sense of being independent of reality and thought. In our view that which is autonomous does not depend for its creativity upon thought and reality. In view of multiple functions of language, cognitive and non-cognitive, we find a divided autonomy, i.e. language is autonomous when it involves in a non-cognitive function like interjection and is non-autonomous when it involves in cognitive function of reference. Philosophically, a divided autonomy for us cannot be autonomy proper. Language is independent and not separate from thought; it is thought itself. Philosophy, being a cognitive activity par excellence, reflects on all sorts of objects of all disciplines without dependency on any exterior object or reality reflection is its nature. For a reflective activity, language and meaning are cognitive beings or "thought", and the reality is that which is cognized as the language presents it. Thus, the language in a philosophical reflection expresses itself and its meaning is expressed by it. The language and the meaning it expresses are only objects we know and the same are the objects of philosophical reflections. Thus, ideas are infused by language and there is no dependency of language and its meaning on any external reality.

In fact, philosopher's concern there is with the objects that figure in a knowledge and not with the things internal or external. Generally, we think that we perceive the things by eyes; acquire sense data from the things perceived and on the basis of such acquired data, the mind construct the object of knowledge. We think that the object of knowledge is a cognitive unit. This cognitive object is free from the thing and the data as well. It is an intelligible being; it is neither the construction nor the abstraction of mind; it is the being directly expressed when instrumented through articulations (garbs). It is expressed by language and the language expresses it independently from the things and our allegiances to them; it is the object with which philosophers are concerned; the proper object of philosophers concern on which they can reflect is the intelligible being, i.e. the concept or thought-object/idea, that is the idea of language and the meaning it expresses. The language and meaning are the objects of the awareness in nature and that are the only objects of our philosophical reflection. Anything without being revealed in the mind cannot be the object of philosophy. Similarly, the object of philosophical reflection viz. the theoretical problems involved in the conceptualization of the concepts, inconsistencies in theorization, confusions, contradiction, etc. are cognitive or intelligible fleshings, i.e. thoughts or ideas as expressed by language for which we use the term "being or beings" with small "b" in contrast to the thing or thing-in-itself. No problem is external; every problem, by nature, is conceptual, i.e. the problem of ideas or thoughts; more specifically doubt, inconsistency, confliction, fallaciousness and likewise, and that is why they can be analysed, clarified and resolved by a self-conscious activity. We, in a reflective activity, become self-aware of the object that is of awareness in nature; thus, they are intelligible beings the language expresses. The language expresses its own nature first when verbal noises are heard and from that the meaning expresses non-differently.

स्वशासी के रूप में दर्शनशास्त्र का विचार, दर्शन क्या नहीं है? इस प्रश्न पर अनुचिन्तन के लिए हमें एक विषय प्रदान करता है। प्रायः यह माना जाता है कि दर्शनशास्त्र की कोई निश्चित परिभाषा नहीं है। विभिन्न विचारकों ने अपने-अपने मतों और सिद्धान्तों की वासना से इसकी भिन्न-भिन्न अवधारणाएँ दी हैं। जो भी हो सभी इस बिन्दु पर सहमत हैं कि कोई मान्यता, कोई प्राधिकार, किसी विचार के प्रति दुराग्रह या किसी न्यास या किसी पूर्वमान्यता से दार्शनिक अनुचिन्तन स्वतन्त्र या निरपेक्ष होता है। यह निगमन या आगमन की तार्किक बुद्धि मात्र नहीं है क्योंकि उनकी निर्विवादिता, स्पष्टता और उचित समझ के लिए यह उन पर भी अपने उत्कर्ष का प्रयोग करता है। यह न तो किसी दार्शनिक और न ही किसी दार्शनिक विधा के प्रति समर्पण में विश्वास करता है अपितु भिन्न-भिन्न सैद्धान्तीकरण में विचारों की संकल्पनात्मकता से जुड़ी उनकी जो समस्याएँ होती हैं उन्हें प्रकाश में लाने के लिए उनके द्वारा जो कथन और विचार प्रस्तुत होते हैं उनको और उनके द्वारा प्राप्त बौद्धिकता के स्तर को उजागर करने में रुचि रखता है।

क्या भाषा सत् (reality) और विचार से स्वतन्त्र स्वशासी शक्ति है? यह एक आत्म-विरोधी प्रश्न है। विद्वान् लोग यह मानते हैं कि भाषा विज्ञान, वाक्य-विन्यास, अर्थ-विन्यास और दूसरे तरह के अध्ययन स्वशासी हैं और बिना अन्तराश्रय के उनका पृथक् और निरपेक्ष प्रणाली के रूप में अध्ययन किया जा सकता है। स्वायत शक्ति को हम दो अर्थों में समझते हैं एक आन्तरिक और दूसरा बाह्य। पहले अर्थ में स्वशासी वह है जो नियमों से बना हो। अगर हम इस स्थिति को मानें तो प्रत्येक चीज़े अन्तराश्रित होगी। दूसरे अर्थ में यह पद सत्तात्मक रूप से सत् और विचार से निरपेक्ष के लिए प्रयुक्त होता है। हमारे मत में जो स्वशासी होता है, वह अपनी सर्जना के लिए किसी दूसरे सत् या विचार पर निर्भर नहीं करता। भाषा के विभिन्न कार्यों संज्ञानमूलक और असंज्ञानमूलक की दृष्टि से हमें एक विखण्डित स्वशासी की अवधारणा देखने को मिलती है। अर्थात् जब भाषा असंज्ञानात्मक कार्य करती है, उदाहरण के लिए आश्चर्य, हर्ष, पीड़ा आदि व्यक्त करने वाला अर्थ व्यक्त करती है तो स्वशासी होती है और जब यह अर्थ व्यक्त करने की संज्ञानात्मक क्रिया के लिए प्रयुक्त होती है तब यह अ-स्वशासी होती है। परन्तु मेरे मत में दार्शनिक दृष्टि से विखण्डित स्वशासी वास्तविक स्वशासी नहीं हो सकता। भाषा स्वतन्त्र होती है और विचार से भिन्न नहीं होती, यह स्वयं विचार ही होती है। उत्कृष्ट ज्ञानमूलक क्रिया होने से दर्शनशास्त्र सभी प्रकार के अनुशासनों से सम्बन्धित विषयों पर बिना किसी भेदभाव के अनुचिन्तन करता है। दर्शन स्वतः अनुचिन्तनात्मक होता है; अनुचिन्तनात्मक क्रिया के लिए भाषा और विचार बौद्ध-सत्ताएँ (या विचार रूप) हैं और भाषा जिस रूप में सत् को प्रस्तुत करती है, वही सत् है। *इस प्रकार दार्शनिक अनुचिन्तन में भाषा अपना प्रकाश करती है और इससे अर्थ का प्रकाशन होता है। भाषा और इससे प्रकाशित अर्थ*

ही मात्र विषय हैं जिन्हें हम जानते हैं और यही हमारे दार्शनिक अनुचिन्तन के विषय हैं। इस प्रकार विचार की शब्दानुबद्धता है और दार्शनिक क्रिया में चिन्तन की विचार रूप शब्द और उसके अर्थ से अतिरिक्त किसी वस्तु पर निर्भरता नहीं होती।

वास्तव में, दार्शनिकों का सम्बन्ध आन्तरिक या बाह्य वस्तुओं से न होकर उन विषयों से होता है जो ज्ञान में प्रकाशित होते हैं। हम आँखों से वस्तुओं का प्रत्यक्ष करते हैं और जिन वस्तुओं का प्रत्यक्ष करते हैं, उनसे इन्द्रिय प्रदत्त या संवेदन प्राप्त करते हैं और उन इन्द्रिय प्रदत्त या संवेदन के आधार पर बुद्धि ज्ञान के विषय को संरचित करती है। पर मेरी समझ में ज्ञान का विषय बोधमूलक इकाई होती है। यह बोधमूलक विषय वस्तु और वस्तु की संवेदना से पृथक् होता है। इसकी संवित् सत्ता (बौद्ध-सत्ता) होती है। यह न तो बुद्धि द्वारा अमूर्तीकृत और न ही बुद्धि से संरचित सत्ता है। यह ध्वनियों, लिपियों, इन्द्रिय प्रदत्तों के माध्यम से साक्षात् प्रकाशित सत्ता (विषय) है। यह भाषा द्वारा प्रकाशित होती है और भाषा इन्हें वस्तु तथा वस्तु की हमारी वासना पर आश्रित हुए बिना ही इसे प्रकाशित करती है। इन विषयों से ही दार्शनिकों का सम्बन्ध होता है। दार्शनिकों के चिन्तन का समुचित विषय सम्प्रत्यय या विचार अर्थात् भाषा और उससे प्रकाशित अर्थ का विचार होता है। भाषा और अर्थ बोध-स्वरूप विषय हैं और यही विषय हमारे अनुचिन्तन के विषय हैं। कोई भी चीज़ जो बुद्धि में प्रकाशित न हो, वह दर्शन का विषय नहीं हो सकती। इसी तरह सम्प्रत्ययों के अवधारणीकरण से सम्बन्धित सैद्धान्तिक समस्याएँ, सैद्धान्तीकरण में निहित असंगतताएँ, शंकाएँ और परस्पर विरोध के विचार इत्यादि बौद्ध-सत्ताएँ होती हैं जिन्हें भाषा प्रकाशित करती है। वे ही दार्शनिक अनुचिन्तन के विषय हैं और उनके लिए हम अपने-आप में-वस्तु के विरुद्ध बौद्ध-सत्ता[19] शब्द का प्रयोग करते हैं। कोई भी समस्या बाह्य नहीं होती, सभी समस्याएँ स्वरूपतः वैचारिक होती हैं; और इसीलिए हम उनका विश्लेषण कर पाते हैं; स्व-चेतन क्रिया द्वारा उन्हें स्पष्ट करते हैं और उनका समाधान करते हैं। हम एक अनुचिन्तनात्मक क्रिया में विषय के प्रति जागरूक होते हैं। ऐसे विषयों के प्रति जागरूक होते हैं जो स्वरूपतः बोधमूलक होते हैं; इस तरह बौद्ध-सत्ताएँ ज्ञान का विषय हैं उन्हें भाषा प्रकाशित करती है। भाषा प्रथमतः अपना प्रकाश करती है और उससे अभिन्न रूप में उनके अर्थ का प्रकाशन होता है।

---

19 being with small b. It is called being in contrast to Being with capital.

Section II

16. Practical Utility of Philosophy (दर्शन की व्यावहारिक उपयोगिता)

THE other aspect of the present discussion, herein, concerns with the utility of philosophy. Philosophy is the reflective activity not only on the situation of human experience and facts but on human needs and aspirations also. Philosophical traditions of the East and the West accept knowledge not only as a formal reasoning, information, induction, deduction, calculation, computation, etc. but also as virtue and, hence, philosophy is not confined to the formal/logical reasoning (*śuṣka tarka*) only but it is the value and, hence, practice also. Patañjali defines "Knowledge is Dharma (duty)".[20] It is to be learnt for wisdom that comprises knowledge and cultivation[21] – individual and social as well. The traditions of seers, sages and wise have preached what they have practised; they practised what they thought for the welfare of human community. Their preaching is not for formal knowledge but for cultivation and welfare of the universe, for cultivation of the individual self and the social self also to the extent of wisdom and more than that freedom from ignorance. Patañjali writes *jñānam hi tasya śaraṇam*,[22] meaning thereby that the knowledge is the only refuge and knowledge serves as the cause of incentive to our duties. Taking the human aspirations and the utility of

---

20 *jñāna eva dharma iti* । – *Mahābhāṣya of Patañjali*, Paspaśāhnika I, on *vārttika: śāstrapūrvake prayoge 'bhyudayas tat tulyaṁ veda-śabdena* of *Aṣṭādhyāyī*, p. 47, by S.N. Dasgupta, ed. Sibajivan Bhattacharyya, New Delhi: ICPR, 1991.

21 *vidyābhedāḥ pratāyante jñānasaṁskārahetavaḥ* । – *Vākyapadīya*, Brahmakāṇḍam, 10, ed. with English tr. K. Raghavan Pillai, Delhi: Motilal Banarsidass, 1971.

22 *vijñānaṁ tasya śaraṇam* । – *Mahābhāṣya of Patañjali*, Paspaśāhnika I, p. 15, by S.N. Dasgupta, ed. Sibajivan Bhattacharyya, New Delhi: ICPR, 1991.

philosophy in satisfying them in view a talk about the utility of philosophy can relevantly be initiated.

Everybody likes to know or even knows what is beneficial to do and what is harmful to be avoided. This is a kind of discriminate reasoning and needs to be resolved in each case. If it is not resolved, one may be passionate to things and mentally confused. Now, the time with the scientific and technological advancement is attracting the common people more and more because of which they are living a more deluded life, getting always away from their own. Due to this advancement of technology, they could have succeeded in sparing time for the work for their individual and hence social advancement. They fail to get time to think as to how effectively these engagements are killing their time, memory, and critical and constructive skill. This is the need and the perfect time for promoting philosophical reflections and understanding that may not only help in protecting their memory but understanding the primacy of thoughts over esoteric multitasking and resolving their mind for a better guide for their life and works.

वर्तमान चर्चा का दूसरा पक्ष दर्शन की व्यावहारिक उपयोगिता से सम्बन्धित है। मानवीय अनुभवों और तथ्यों की स्थिति पर अनुचिन्तनात्मक क्रिया ही दर्शन नहीं है बल्कि मानव की आवश्यकताओं और आकांक्षाओं पर भी यह अनुचिन्तन करता है।[23] प्राच्य और पाश्चात्य दार्शनिक परम्पराएँ ज्ञान को मात्र बौद्धिक तर्कणा, सूचना, आगमन, निगमन, गणना (calculation), संगणना (computation) (अनुगणना) इत्यादि ही नहीं, बल्कि मूल्य (सद्गुण) भी मानती हैं और इसीलिए दर्शन औपचारिक तर्क या शुष्क तर्क तक ही सीमित नहीं है, बल्कि यह मूल्य है और इसीलिए यह व्यवहार्य (practice)भी है।[24] पतञ्जलि "ज्ञान को धर्म" के रूप में परिभाषित करते हैं। विवेक ज्ञान जिसमें व्यक्ति और समाज के ज्ञान और

---

23 भारतीय संस्कृति में धर्म को कर्त्तव्यबोध और उत्तरदायित्व के अर्थ में लिया गया है।

24 "ज्ञानेव धर्मः इति" *महाभाष्य ऑफ पतञ्जलि*, पस्पशाह्निक 1, "शास्त्रपूर्वके प्रयोगेऽभ्युदयस्तत्तुल्यम् वेदशब्देन", *अष्टाध्यायी*, इस वार्तिक की अंग्रेज़ी व्याख्या पर एस० एन० दासगुप्त, पृ० सं० 47, सम्पादक शिबजीवन भट्टाचार्य, आई०सी०पी०आर०, नई दिल्ली, 1991।

संस्कार भी सम्मिलित होते हैं, के रूप में इसे सीखना चाहिए।[25] विद्वानों, साधु-सन्तों, ऋषियों और मुनियों की परम्पराओं ने जो जीया, उसी का उपदेश दिया। मानव जाति के कल्याण के लिए वे जो सोचे/चिन्तन किए, उसी का अभ्यास किए, व्यवहार किए। उनकी शिक्षाएँ शुष्क ज्ञान के लिए न होकर ज्ञान और ज्ञान के संस्कार तथा विश्वकल्याण के लिए, सामाजिक और व्यक्तिगत चेतना के संस्कार के लिए, विवेक की स्थिति तक सुसंस्कृत करने के लिए और उससे भी अधिक अज्ञान से मुक्ति के लिए होती है। पतञ्जलि ने लिखा है – "ज्ञानं ही तस्य शरणम्"[26] अर्थात् व्यक्ति का परम आश्रय ज्ञान ही है। ज्ञान में ही उसको शरण मिलती है और ज्ञान ही हमारे कर्त्तव्यों का प्रेरक है। मानवीय आकांक्षाएँ और उसकी सन्तुष्टि के लिए दार्शनिक चिन्तन की व्यावहारिक उपयोगिता को ध्यान में रख दर्शन की उपयोगिता पर एक वार्ता प्रासंगिक रूप से की जा सकती है।

सभी लोग इसे जानते हैं या जानने की इच्छा रखते हैं कि क्या करना हितकर है और क्या करना हानिकारक है जिससे बचा जा सके। यह एक तरह की विवेक बुद्धि है और प्रत्येक मामले में इसे निर्णीत करने की ज़रूरत होती है। अगर इसका निर्णय नहीं हुआ तो व्यक्ति वस्तुओं के प्रति वासनात्मक हो जाएगा और वैचारिक स्तर पर भ्रमित होगा। आज के समय में विज्ञान और तकनीक के विकास के साथ भौतिक उपलब्धियाँ आम लोगों को अधिक से अधिक आकर्षित कर रही हैं क्योंकि ये लोग एक भ्रमित जीवन जी रहे हैं और अपने जीवन से दूर होते जा रहे हैं। तकनीक की उन्नति के साथ व्यक्तिगत और सामाजिक उन्नति के लिए अधिकांश समय बचा लेने में वे सफल हुए हैं। किन्तु, इस बात को सोचने के अवसर को वे गवाँ रहे हैं कि किस तरह ऐसी व्यवस्था उनके समय, उनकी स्मृति, उनकी अन्वीक्षा और संरचनात्मक बुद्धि को प्रभावी रूप से नष्ट कर रही है। इस बात पर चिन्तन के लिए समय निकालने में वे असफल रहे हैं। दार्शनिक समझ और अनुचिन्तन को प्रोन्नत करने की आवश्यकता और सही समय भी यही है जो उनकी स्मृति को बचाने में ही नहीं अपितु, पागलपन की सीमा तक किए जाने वाले बहुकार्यण (मल्टीटास्किंग) के विरुद्ध विचारों की प्राथमिकता को भी समझने तथा जीवन और कार्यों के अच्छे मार्गदर्शक के रूप में उनकी बुद्धि को साधित करने में सहायक होगा।

---

25 विद्याभेदाः प्रतायन्ते ज्ञानसंस्कारहेतवः – *वाक्यपदीय*, ब्रह्मकाण्डम्, 10, सम्पादक और अंग्रेज़ी अनुवादक के० राघवन पिल्लई, मोतीलाल बनारसीदास, नई दिल्ली।

26 "विज्ञानं तस्य शरणम्" – *महाभाष्य ऑफ पतञ्जलि*, पस्पशाह्निक 1, एस० एन० दासगुप्त, पृ० 15, सम्पादक शिबजीवन भट्टाचार्य, आई०सी०पी०आर०, नई दिल्ली, 1991।

17. Is Philosophy the Guide to Science and Other Disciplines? (क्या दर्शनशास्त्र, विज्ञान और दूसरे तन्त्रों का मार्गदर्शक है?)

SINCE the world is getting materialistically applied, can philosophy emerge in future as something applied? I am utterly against the idea that philosophy can be of service if it is translated as a managerial science, health science, technology, etc. because then it will lose its identity and that will be harming of philosophy. Managing of the thought for a better technology is a good idea; philosophy, no doubt, manages thoughts well but that is only in a therapeutic sense. It concerns with the problem laying there as hindrance in managing something better. Three decades ago, philosophy was the guide of management and technology as well. Philosophical knowledge, for a philosopher, is not the theory impregnated perception and experience or data. It must be free from such impregnations and from our allegiances to physiological, psychological and ontological commitments as well. Philosophy liberates one from theory impregnation, ambiguities, confusions, and our allegiance to metaphysical and religious dogmas and superstitions. By metaphysical things we very remotely mean the things-in-themselves; transcendental or empirical entities separate from the knowledge. Philosophy for freedom of thoughts from our captives and allegiances can only serve as a discipline in its true spirit.

Nowadays, philosophy has to be given primacy. It is a known fact that fire can burn but the idea of fire cannot and philosophical reflections for the clarification of the idea of fire can dawn wisdom. The tool cannot cook but the cooking agent can manage well for the tool even. In precise, philosophy should not and cannot be converted or substituted by management, sociology or any of the disciplines known as applied. The applied must not work as a tyranny against the metaphysical speculations. Rather, we think it serves to enrich other systems and promotes human values and enlivens even those applied areas of learning for a better defence against the dangers of solipsism, socialization, religionism on the one hand and cyberology and abuses of multitasking which are increasingly trying to deconstruct human persons as cyber units on the other hand. They need to be married with philosophy. If science is married with philosophy, it will apply its weapons for safety and progress of life on the earth. It will not use its atom bombs to destroy the humanity, which is of the supreme value. Commerce and management, if wedded with philosophy, will not misuse the capital, labour and time, and refrain from furnishing data for promoting destructive terror activities and disorder; rather, they will use it for acquiring wisdom and welfare of life. Technology will not then turn humans as mechanical units, rather it will pave the way for bettering creativity, progress and the liveliness of human relations.

A discussion on the utility of philosophy must encompass our aspiration for freeing our thoughts from different physiological, psychological, ontological, religious and cultural allegiances lying very deep in the structure of our consciousness and which enforce our thinking and reflection to an extent of misleading and confusing conclusions that cause conflict and chaos in an individual and a society. As a reflective analysis, philosophy helps to distinguish real from the mixture and imposed esoteric; philosophical reflections redeem our thoughts from different allegiances. This is redemption or freedom from ignorance and, positively, a way to wisdom.

चूँकि संसार भौतिकवादी रूप से प्रायोगिक हो रहा है इसलिए प्रश्न उठता है कि क्या दर्शन भविष्य में प्रायोगिक विधा के रूप में उभरेगा? मैं इस बात के पूर्णत विरुद्ध हूँ कि प्रबन्धकीय विज्ञान, स्वास्थ्य विज्ञान, तकनीकी आदि के रूप में यदि हम दर्शन को प्रस्तुत करें, तो यह किसी उपयोग का हो सकेगा क्योंकि तब तो दर्शन अपनी ही पहचान खो देगा और इससे दर्शन की क्षति होगी। बेहतर तकनीक के लिए विचारों का प्रबन्धन एक अच्छा विचार है; इसमें शंका नहीं है कि दर्शन विचारों को समुचित ढ़ंग से व्यवस्थित करता है, परन्तु तब तो ऐसा केवल उपचारार्थक

ही होगा। किसी चीज़ को बेहतर ढ़ंग से प्रबन्धन करने में बाधक जो समस्याएँ आती है उन्हीं समस्याओं से इसका सम्बन्ध होगा। लगभग तीन दशक पहले, दर्शन प्रबन्ध और तकनीकी का भी मार्गदर्शक होता था। दार्शनिकों के लिए दार्शनिक ज्ञान किसी सैद्धान्तीकरण से बोझिल दृष्टि, अनुभव या इन्द्रिय संवेदन नहीं होता। वह इस तरह के सैद्धान्तीकरण के दबाव से और शारीरिक, मनोवैज्ञानिक और तात्त्विक अनुबद्धता की वासनाओं से स्वतन्त्र होता है। दार्शनिक चिन्तन तत्त्वमीमांसीय और पंथगत रूढ़ियों और अन्धविश्वासों के प्रति हमारी वासना, सैद्धान्तिक दबाव, अस्पष्टताओं और संशयों से मुक्त करता है। मोटे तौर पर तत्त्वमीमांसीय वस्तुओं से मेरा तात्पर्य ज्ञान से पृथक् अपने-आप में-वस्तु चाहे वह अतीन्द्रिय हो, या आनुभविक हो से है। हमारी वासनाओं से वैचारिक स्वतन्त्रता ही सही अर्थ में दार्शनिक कार्य कर सकता है।

दर्शन को प्राथमिकता देना समय की मांग है। सभी जानते हैं कि आग जला सकती है, पर आग का विचार नहीं जलाता। "आग के विचार" को स्पष्ट करने के लिए जो दार्शनिक अनुचिन्तन होता है वह विवेक का आधान करता है। उपकरण खाना नहीं पका सकते परन्तु खाना बनाने वाला व्यक्ति उन उपकरणों का व्यवस्थित तरीक़े से उपयोग कर सकता है। संक्षेप में, दर्शन को प्रबन्धशास्त्र, समाजशास्त्र और ऐसे ही अन्य प्रायोगिक पहचान रखने वाले शास्त्रों में न तो बदला जा सकता है और न ही विस्थापित करना चाहिए। प्रायोगिकता को तात्त्विक समझ सम्बन्धी अनुचिन्तन का उत्पीडक नहीं होना चाहिए। इसकी अपेक्षा मेरी सोच है कि एक तरफ़ दार्शनिक अनुचिन्तन दूसरे शिक्षा तन्त्रों को सम्पन्न करने में और मानवीय मूल्यों को आगे बढ़ाने में काम करता है और दूसरी तरफ़ अहंवादिता, सामाजिकीकरण, धार्मिकीकरण, सायबरोलॉजी (cyberology), और बहुकार्यण (multitasking) (अपने को बहुधन्धी कार्यों में लगाए रखना) की प्रवृत्तियाँ जो कि उत्तरोत्तर मानव व्यक्तित्व को एक साइबर इकाई के रूप में विकृत करने का प्रयास कर रही हैं उन ख़तरों के विरुद्ध एक अच्छे प्रतिरक्षक के रूप में संजीदगी से काम कर सकता है। आवश्यकता है कि दार्शनिक चिन्तन से उनका गठजोड (married)किया जाए। अगर विज्ञान को दर्शन का साथ मिल जाए तो यह अपने उपकरणों का प्रयोग पृथ्वी पर जीवन को सुरक्षित करने और उन्नति की ओर ले जाने में करेगा। यह सर्वोच्च मूल्य रखने वाली मानवता के नाश के लिए अपने परमाणु अस्त्रों का प्रयोग नहीं करेगा। वाणिज्य और प्रबन्धन को यदि दर्शन से जोड़ दिया जाए तो यह पूँजी, श्रम और समय का दुरुपयोग नहीं करेगा और अव्यवस्था और विनाशक उग्रवादी गतिविधियों को उन्नत करने वाली सामग्री (डेटा) को देने से बचेगा। उसका प्रयोग ये विवेक और जीवन कल्याण के लिए करेंगे। तकनीक मनुष्य को मशीनी इकाई के रूप में न बदलकर उसकी सर्जना शक्ति को उन्नत करने और मानवीय सम्बन्धों को जीवन्त बनाने का प्रयास करेगा।

दर्शन की उपयोगिता पर कोई विमर्श हमारी चेतना के ढ़ाँचे की बहुत गहराई में निहित शारीरिक, मनोवैज्ञानिक, तात्त्विक, धार्मिक और सांस्कृतिक वासनाओं जो हमारे चिन्तन और अनुचिन्तन को गुमराह करने की हद तक प्रभावित करती हैं और निष्कर्षों को संशयात्मक बनाती हैं जिससे व्यक्ति और समाज में अव्यवस्था उत्पन्न हो जाती है, उनसे विचारों को स्वतन्त्र करने की हमारी आकांक्षाओं को अपनी परिधि में शामिल करती है। अनुचिन्तनात्मक विश्लेषण के रूप में दर्शन आरोपित और मिश्रित रहस्यों से वास्तविक या सत् को पृथक् करने में सहयोग करता है। दार्शनिक अनुचिन्तन विभिन्न प्रकार की वासनाओं से हमारे विचारों को मुक्त करता है। यह अज्ञान से मुक्ति है और विधानात्मक रूप से विवेक का मार्ग है।

18. Is Philosophy the Discipline of Wisdom?
(दर्शन विवेक विद्या है?)

THINKING directs the life and the direction determines the distinction and destination of the life of the people belonging to different periods. In India, philosophy has never been welcomed as a dry exercise. The seers preach what they live. Thoughts must be disinterested and independent from different interests and allegiances of mind; if otherwise, they may misguide the thinking. The openness of thoughts and thinking, useful for uncovering wisdom within, must dawn in a self-conscious activity. Since discriminating knowledge of what is good to do (*hita-pratisādhana*) and what is harmful and, hence, to be avoided (*ahita-pratiṣedha*) is determined by philosophical reflections and, therefore, escaping the light of philosophy, not only individual but also social life cannot run properly.

There are so many factors that may cause the thinking sick. By the term "sick thinking" we mean confusing or illusive thinking, disguised ideologies, misguided by the emotions and passions. Taking medicines, surgery of the body or mind or putting on of the jewels or offering alms to the deities or psychoanalysis of mind cannot cure sickness of thoughts. The diseases or the illness of the thoughts make the sufferer cynical, desperate and restless ignorant. Only philosophy that is a therapeutic system of thoughts can cure thoughts. Philosophical systems in India as clinics or systems of cure of thoughts are most practical and applied discipline of which morality, rationality and spirituality serve as engineering, management and technology respectively in the cure of the diseases because of which philosophy is genuinely and meaningfully called the science of spirituality.

From the utility perspective, the problem of the schools of philosophy is to remove the defects or illness of the thoughts for which the problems of metaphysics, epistemology, axiology, etc. serve as objects of reflections. The problem of those systems is to know the nature and causes of suffering and their purpose is to act as means for giving rise to wisdom. For such a system, the illness of thoughts and thinking is the sole cause of suffering against which philosophy is the only remedy.

No doubt, management has occupied the position of a guide of the recent era of science and technology, for which it feeds data and infrastructure. In such a situation, the idea of applied and professional philosophy in the recent times has attracted very quickly, specifically in India, researches and courses towards environmental, social, ethical, political and religious issues.

Philosophy is taken wrongly to have the function like cementing. But, philosophy never believes in cementing, rather in opening or digging out the theoretical problems involved in the conceptuality of the concepts. In the name of "applied", if philosophy is identified with management of ethics, Yogic postures and spiritual techniques, it will involve in non-philosophical activity and then independence of philosophy as cognitive activity par excellence will be put to a risk. In that case, there will be no possibility of studies like philosophy of history, philosophy of technology, philosophy of sociology and ethics. Will it not then amount to an unfortunate chapter in the history of philosophical reflections?

वैचारिक प्रक्रिया जीवन का मार्गदर्शन करती है और यह मार्गदर्शन भिन्न-भिन्न अवधि से सम्बन्धित लोगों के जीवन के वैशिष्ट्य और गन्तव्य को निर्धारित करता रहा है। भारत में दर्शन को एक शुष्क व्यायाम के रूप में कभी भी नहीं लिया गया। ऋषि-मुनियों ने जो जीया उसी का उपदेश दिया। विचारों को हमारी बुद्धि की विभिन्न तरह की रुचियों और वासनाओं से निरपेक्ष और तटस्थ अवश्य होना चाहिए अन्यथा वे चिन्तन प्रक्रिया को दिग्भ्रमित कर सकते हैं। अपने अन्दर विवेक के अभ्युदय के लिए उपयोगी चिन्तन और विचारों का खुलापन हमारे आत्मचेतन क्रियाओं में प्रकाशित होना चाहिए[27]। हित-प्रतिसाधन और अहित-प्रतिषेध का विवेक दार्शनिक अनुचिन्तन से होता है जिसके प्रकाश से वंचित होने पर न तो समाज और न ही व्यक्ति उचित ढंग से संचालित हो पाएंगे।

बहुत से कारक हैं जो हमारे चिन्तन को दूषित या बीमार कर सकते हैं। "बीमार चिन्तन प्रक्रिया" पद से मेरा तात्पर्य भावनाओं और वासनाओं से भ्रमित या संशययुक्त, प्रक्षिप्त मतों या पद्धतियों से है। दवा लेकर, मस्तिष्क अथवा शरीर की शल्य चिकित्सा कराकर, रत्न धारण करके, देवताओं को आहुति देकर या मनोविश्लेषण द्वारा विचारों की बीमारी को ठीक नहीं किया जा सकता । विचारों की बीमारी रोगी को शंकालु, हताश और बेचैन अज्ञानी बना देती है। दर्शन जो विचारों का एक चिकित्सीय तन्त्र है, के द्वारा ही विचारों की चिकित्सा की जा सकती है। विचारों की चिकित्सा के निदान गृहों के रूप में भारत में जो दार्शनिक सम्प्रदाय हैं वे अत्यन्त ही प्रायोगिक और व्यावहारिक तन्त्र हैं जिनमें नैतिकता, बौद्धिकता और आध्यात्मिकता क्रमशः अभियान्त्रिकी, प्रबन्धकीय और तकनीकी के रूप में वैचारिक रोगों के औषध (चिकित्सक) का काम करती है जिनके कारण हम दर्शन को उचित और अर्थपूर्ण ढंग से अध्यात्म-विज्ञान कहते हैं।

उपयोगिता की दृष्टि से दार्शनिक सम्प्रदायों की समस्या विचारों की बीमारी या दोषों को दूर करना है जिसके लिए तत्त्वमीमांसा, प्रमाणमीमांसा, मूल्यमीमांसा, इत्यादि की समस्याएँ अनुचिन्तन के विषय होते हैं। इन सम्प्रदायों की समस्या दुःख, दुःख का स्वरूप और दुःख दूर करने के उन उपायों को जानने की होती है जिनका प्रयोजन विवेक के अभ्युदय के लिए साधन के रूप में काम करना है। इन सम्प्रदायों में चिन्तन और विचार-सम्बन्धी दोष दुःख के एकमात्र कारण होते हैं जिसके विरुद्ध दर्शन ही एकमात्र चिकित्सा है।

इसमें संशय नहीं है कि आधुनिक वैज्ञानिक और तकनीकी युग में प्रबन्धन एक निर्देशक की भूमिका में है क्योंकि यह विज्ञान और तकनीक को सामग्री (डेटा) और आधारभूत संरचनाएँ देता है। ऐसी स्थिति में आजकल प्रायोगिक, पर्यावरणीय, नैतिक, राजनैतिक, धार्मिक मुद्दों

---

27 क्या करना उचित है या क्या करना चाहिए और क्या नहीं करना चाहिए?

और प्रोफ़ेसनल दर्शन का विचार ख़ासकर भारत में शोध-कार्यों और पाठ्यक्रमों की तरफ़ तेजी से आकर्षित कर रहा है।

यह सोच ग़लत है कि दर्शन का कार्य सीमेण्टिंग का है (जो दीवाल की ईंटों को जोड़ने का काम करता है) लेकिन दर्शन सीमेण्टिंग में विश्वास नहीं करता। बल्कि किसी सम्प्रत्यय की अवधारणा करने में जो सैद्धान्तिक समस्याएँ होती हैं उनको खोदकर बाहर निकालता है। अगर व्यावहारिकता के नाम पर हम दर्शन को नैतिकता, योगासनों और आध्यात्मिक तकनीकी का प्रबन्धन मात्र मानें तो यह गैर-दार्शनिक क्रिया होगी और तब उच्च कोटि की बोधमूलक क्रिया के रूप में दर्शन की निरपेक्षता पर प्रश्न उठेगा। उस स्थिति में नीति दर्शन, समाज दर्शन, इतिहास दर्शन, तकनीकी दर्शन जैसे अध्ययनों की सम्भावना नहीं बन पाएगी। और तब इसका तात्पर्य क्या दार्शनिक अनुचिन्तन के इतिहास में एक दुर्भाग्यपूर्ण अध्याय नहीं होगा?

19. Is Philosophy a Critique of Knowledge?
(क्या दर्शन ज्ञान का प्रत्यावलोचन है?)

Knowledge is indivisible and only by analysis, it can be made understandable to those who can understand it only in piecemeal. No practice, no grammar is possible without the analysis of indivisible cognition. Scientists analyse external things by breaking them into atomic parts. Psychologists analyse the psyche by implication through the functions of its faculties but philosophers analyse the cognition including the cognition of the scientists and psychologists also as they are expressed by language. Analysis demands a cognitive base and the intelligible objects that serve as the objects of analysis; if otherwise, it may not fulfil any philosophical purpose. Bliss is not acquired by satisfaction of one's interest or by inferring the faculties of mind through the actions performed. Knowledge and the cognition of the objects of knowledge in a reflective activity serve as the base of philosophical analysis. Bliss lies in clarifying the problems that help the problem shine. As knowledge-in-itself is indivisible, analysis serves as instrument not only in making the indivisible understandable to learners in piecemeal scheme, but in facilitating us in making agreement, transparent and rational satisfaction also which ultimately provide bliss. It is the bliss-providing character of philosophical reflections that philosophy, in the East and the West, has been a very popular discipline of the learning and the investigation since the dawn of the culture and civilization.

ज्ञान अखण्ड है और मात्र विश्लेषण द्वारा ही इसे उन लोगों को समझाया जा सकता है जो लोग अखण्ड को खण्डों के माध्यम से ही समझ सकते हैं। अखण्ड ज्ञान के विश्लेषण के बिना कोई भी व्यवहार (अभ्यास), कोई भी व्याकरण सम्भव नहीं होगा। वैज्ञानिक लोग बाह्य पदार्थों को परमाणु खण्डों में तोड़कर विश्लेषण करते हैं। मनोवैज्ञानिक मानसिक वृत्तियों के आधार पर अनुमानित करके मस्तिष्क के मनोभावों का विश्लेषण करते हैं। लेकिन दार्शनिक लोग ज्ञान (जिसमें वैज्ञानिक और मनोवैज्ञानिक ज्ञान, दोनों सम्मिलित हैं) का जिस रूप में वह कथनों से प्रकाशित होता है, उस रूप में विश्लेषण करते हैं। विश्लेषण के लिए एक ज्ञानमूलक आधार की आवश्यकता होती है और जो बोध रूप विषय हैं वे विश्लेषण के विषय होते हैं। अगर ऐसा न हो तो विश्लेषण किसी दार्शनिक उद्देश्य की पूर्ति नहीं कर सकता। क्रियाओं के आधार पर बुद्धि की वर्गणाओं के अनुमान से अथवा किसी इच्छा की सन्तुष्टि से आनन्द की प्राप्ति नहीं होती। आनन्द की प्राप्ति समस्या के स्पष्ट बोध और ज्ञान के प्रकाशित होने में निहित होती है। अनुचिन्तनात्मक क्रिया में ज्ञान और विषय के ज्ञान का ज्ञान दार्शनिक विश्लेषण के आधार का काम करते हैं। चूँकि ज्ञान "अपने-आप में" अविभाज्य है इसलिए विश्लेषण अखण्ड को खण्ड के माध्यम से नौसिखियों को सिखाने के उपाय के रूप में ही नहीं बल्कि उसे पारदर्शी बनाने, सहमति बनाने और बौद्धिक सन्तुष्टि के लिए भी हमें सुगमता प्रदान करता है जिससे हमें अन्ततः आनन्द की प्राप्ति होती है। दार्शनिक अनुचिन्तन के इस आनन्दप्रदायक चरित्र के कारण ही पूर्व और पश्चिम में सभ्यता और संस्कृति के अभ्युदय के साथ दर्शन अध्ययन और अनुसन्धान का एक प्रसिद्ध तन्त्र रहा है।

20. Philosophy as Methodology
(प्राविधिक विज्ञान के रूप में दर्शनशास्त्र)

WHEN we ponder over philosophy as the methodology of various disciplines our concern with philosophy is more about living a life of wisdom, i.e. performing the activities with determination and resolve for a life of well-being and welfare. Doing this way, a philosopher concerns with therapeutic application of philosophy as methodology. All systems of philosophy attract not only philosophy-intellectuals but all self-conscious humans also. They are useful methodical therapies that ensure the eradication of the ideological diseases or suffering with its causes in their own ways.

जब हम शिक्षा की अनेक शाखाओं की प्रणाली विज्ञान के रूप में दर्शनशास्त्र पर विचार करते हैं तो दर्शन से हमारा लगाव विवेकी जीवन जीने की दिशा में अर्थात् व्यावहारिक निर्णय तथा कर्त्तव्यों के निष्पादन की दृढ संकल्पता की ओर होता है ताकि हम अपना और दूसरों का कल्याण कर सकें। इस तरह प्रविधि रूप में भी हम दर्शन का चिकित्सकीय प्रयोग करते हैं। दर्शन सम्प्रदाय बौद्धिक दार्शनिकों को ही नहीं अपितु सभी स्व-चेतन मानवों को आकर्षित करते हैं। दोषोपचार या चिकित्सा प्रणाली के रूप में ही दर्शन सम्प्रदाय वैचारिक दोषों को उनके कारणों साहित अपने-अपने ढंग से उपचार करते हैं।

21. Method of Analysis, Agreement and Resolve (विश्लेषण, सहमति और समाधान की विधा के रूप में दर्शन)

PHILOSOPHICAL analysis, different from grammatical, linguistic or syntactical analysis, goes very deep into the very structure of a problem whether it concerns with science or religion. It analyses the problem into simpler parts to the extent of liquidating it. It helps in observing whether the problem is real or imposed. Analysing the problem gives rise to further steps of universalizing and making agreement. There is no conflict on real and the philosophical enquiry liquidates it if it is unreal or imposed. For illustration, we may take a problem of quarrel between two persons belonging to two communities. One has a religious bigotry that the word "Allāh" is the only God and there is no other "God" while the other believes that it is God and none other. They stick to their belief about the cultural difference of the terms as the reality about "God". Their bigotry of using the terms of their likeness goes to the extent of wounding the person who uses the word, which the former dislikes. They do not even agree to disagree for using the same word "Khudā or God" and the fighting flames a communal riot. Philosophy can be employed for liquidating such fights. If there is a philosopher, he may invite dialogue in between the two parties. He will analyse the different meanings of the words on the use of which they fight.

The analysis may be done in the following process – what do you mean by the term "Khudā"? Is it God, the creator? Does God create the universe? Is the universe a mixture of mind and matter? Is he a creator of all creatures in the universe including you and me or only your creator? Is it one or many? Is he the preserver and the destroyer of the universe? Is he just a loving father of fathers? I think, both of the parties will agree to accept the points. Now the philosopher may invite a dialogue on the issues of their difference. Is it "Allāh/ God" the reality that concerns with quarrel or the language you use to denote is the cause of quarrel? As two different communities separately use the two terms and there are a number of communities on the earth that use different terms for the same reality, reality is not the concern in the quarrel. If the quarrel concerns with language "Khudā/God", it is about the name and God can be addressed with so many names in the same tradition because of infinite qualities. There are thousands of words in different languages that are used by people for the same ultimate reality. If it is so, then, the quarrel is not concerned with the reality but with the wickedness about the traditional difference of tones and marks; an issue that is imposed on reality/God. Philosophy tells that what is imposed can only be removed and the reality remains untouched by such impositions. The philosopher should not do the false plumes of the shaman, the priest or the prophet. If he is ashamed of his job, he may as well leave it, rather than deceiving the people with regard to a function which is not his own (Daya Krishna 1955: 233).

There is some difference between the concepts given and concepts revealed when presented so by language. The flashing of the concepts serve as the cause of our ordinary communications and doings. Unless there is a concept and it is flashed by some manifestant, no understanding and hence no doing is possible, in case of absence of incentive. Subjects other than philosophy study these concepts on the basis of doings performed but philosophy concerns with the nature and analysis of concepts as they flash in the mind. It observes how, and how far, different theories belonging to different disciplines are successful in approaching the different aspects of the concept as expressed in the mind.

वैयाकरणिक, भाषाशास्त्रीय, भाषा-विन्यास और अन्य प्रकार के विश्लेषणों से भिन्न दार्शनिक विश्लेषण किसी समस्या की मूल संरचना की तह तक जाता है; फिर चाहे वह समस्या विज्ञान की हो या धर्म की। दार्शनिक विश्लेषण समस्या की परिसमाप्ति की हद तक उसे सरल टुकड़ों में विश्लेषित कर देती है। समस्या वास्तविक है या आरोपित है इसका निरीक्षण करने में यह सहयोगी होता है। समस्या का विश्लेषण और सहमति बनाने में तथा उसे सामान्यीकृत करने में यह अग्रणी कदम होता है। सत् का कोई विरोध नहीं होता और अगर समस्या असत् या आरोपित हो तो दार्शनिक छानबीन से इसे हल किया जा सकता है। उदाहरण के लिए दो सम्प्रदायों के दो व्यक्तियों के बीच उत्पन्न विवाद की समस्या को लेते हैं। पहले के पास "एकमात्र ईश्वर ख़ुदा है और दूसरा कोई ईश्वर नहीं है" ऐसी धार्मिक ज़िद है जबकि दूसरे का विचार है कि "(मात्र ईश्वर) है अन्य कोई ईश्वर नहीं" और शब्दों के प्रति उनकी धर्महठता है। ईश्वर (God) की सत्ता के लिए प्रयुक्त शब्दों को दोनों अपनी-अपनी पसन्द के शब्द के प्रयोग की उनकी ज़िद इस कदर बढ़ जाती है कि वह पहला जो दूसरे की पसन्द के शब्द को उच्चारित नहीं करता अथवा वह दूसरा जो पहले की पसन्द के शब्द को उच्चारित नहीं करता उसको घायल करता है। वे लोग ईश्वर या ख़ुदा शब्दों के प्रयोग की असहमति को लेकर सहमत नहीं होते और तब आपसी झगड़ों की ज्वाला साम्प्रदायिक दंगों का रूप ले लेती है। इस तरह की लड़ाईयों को समाप्त करने में दर्शन का प्रयोग किया जा सकता है। अगर वहाँ कोई दार्शनिक है तो वह दोनों प्रतिद्वन्द्वियों को बातचीत के लिए आमन्त्रित कर सकता है। शब्द के अर्थ के जिस प्रयोग को लेकर वे लड़ते हैं उसका वह विश्लेषण करेगा। यह विश्लेषण निम्न प्रक्रिया में हो सकता है। ईश/ख़ुदा इस पद से वे क्या समझते हैं? क्या यह सृष्टि का कर्ता है? क्या उसने

इस ब्रह्माण्ड की रचना की है? क्या यह ब्रह्माण्ड चेतन और अचेतन का मिश्रण है? क्या वह ब्रह्माण्ड के सभी प्राणियों जिसमें आप और मैं दोनों शामिल हैं, का कर्ता है या केवल आप ही का स्रष्टा है? क्या यह एक है या अनेक है? क्या वह ब्रह्माण्ड का पालक और संहारक भी है? क्या वह न्यायमूर्ति है और पितरों का भी प्रिय पिता है? मेरी समझ में दोनों प्रतिद्वन्दी इन बातों पर सहमत हो जाएंगे। पुनः दार्शनिक व्यक्ति उनके परस्पर भेदों पर बातचीत आमन्त्रित कर सकता है। क्या ख़ुदा या ईश्वर को सत् मानना विवाद का कारण है या सत् के लिए आप जो भाषा प्रयोग करते हैं, वह विवाद का कारण है? चूँकि पृथक् सम्प्रदाय दो अलग शब्दों का प्रयोग करते हैं और पृथ्वी पर अनेक समुदाय हैं जो उसी सत् के लिए अलग-अलग शब्दों का प्रयोग करते हैं। इस तरह झगड़े का कारण सत् नहीं है। अगर विवाद "ख़ुदा", "ईश्वर" या अन्य इन भाषीय भेदों से सम्बन्धित है तो यह तो नाम से सम्बन्धित है और एक ही परम्परा में ईश्वर के अनन्त गुण होने के कारण उसे अनेक नामों से पुकारा जाता है। उसी परम सत् के लिए लोग भाषा में सैकड़ों शब्दों का प्रयोग करते हैं; यदि ऐसा है तो समस्या सत् से सम्बन्धित नहीं है। अपितु बोलने के स्वर, प्रतीक चिह्नों और उनके प्रयोग की परम्परागत भेद के हठ से सम्बन्धित है जो आरोपित है।[28] "दर्शन की मान्यता है कि जो आरोपित होता है उसे दूर किया जा सकता है और इस तरह के आरोपण से सत् प्रभावित नहीं होता। दार्शनिकों को पुजारियों, मौलवियों, पुरोहितों और पैगंबरों के झूठे जुमलों से नहीं खेलना चाहिए; जो काम उनका नहीं है उसके बारे में लोगों को धोखा देने की अपेक्षा यदि उन्हें अपने काम में शर्म आती है तो उस काम को उन्हें छोड़ देना चाहिए" (दयाकृष्ण 1955: 233)।

सम्प्रत्यय के प्रदत्त होने और भाषा द्वारा सम्प्रत्यय के प्रकाशित होने में अन्तर है। हमारी क्रियाओं और सामान्य व्यवहार के कारणरूप में सम्प्रत्यय का प्रकाश कार्य करता है। अगर किसी सम्प्रत्यय को न मानें और इसे किसी अभिव्यंजक से प्रकाशित होना न स्वीकार करें तो ज्ञान नहीं होगा और तब प्रेरक के अभाव में क्रिया भी सम्भव नहीं होगी। दर्शनेतर विषय तन्त्र इन सम्प्रत्ययों का अध्ययन इनके आधार पर जो क्रियाएँ होती हैं उनका अध्ययन करके करते हैं परन्तु, जिस रूप में सम्प्रत्यय बुद्धि में प्रकाशित होते हैं उसके स्वरूप और उनके विश्लेषण से दर्शन सम्बन्धित होता है। यह निरीक्षण करता है कि विभिन्न तन्त्रों से सम्बन्धित विभिन्न सिद्धान्त बुद्धि में प्रकाशित सम्प्रत्यय के विभिन्न पक्षों को बताने में कैसे और कहाँ तक सफल हैं।

---

28 भारतीय चिन्तन परम्परा में, दुर्गासहस्रनाम, विष्णुसहस्रनाम और इसी तरह अनेक देवों के सहस्रों नामों की प्रसिद्धि है।

22. Philosophy Enhances and Encourages the Questioning Power (दर्शनशास्त्र प्रश्न करने की शक्ति को उत्साहित और विकसित करता है)

To satisfy the rational hunger, there is no science other than philosophy that is concerned inevitably with the cultivation of our questioning power. Since philosophy belongs to the higher level of knowledge where there is determination, broadness, clarity from the confusion, inconsistencies, doubts and other limitations and freedom from being captive to any interest, a philosophically trained mind questions deep into the issues till the understanding about the issue is not clear. This means it cultivates the questioning power of the mind. Unless the problem confronted is not clear from its all sides, questioning continues. Questioning becomes philosophical if it is not for seeking information but for removing doubts and conflicts, and other defects to help the analysis of knowledge shine forth. This questioning power makes one's life fit intellectually for determination and resolve of the problems as well. When we confront with problem about life and thought the questioning process starts and stops when the analysis at hand is cleared to our understanding. Now, this questioning belongs to facts and our human aspirations as well that philosophy and only philosophy can cultivate. Questioning is not philosophy; it is just a helping tool to reach to the clarity of the problem. It has a limit and useful for convincing and making agreement and disagreement.

बौद्धिक भूख की सन्तुष्टि के लिए प्रश्न करने की हमारी क्षमता को परिष्कृत करने से अपरिहार्य रूप से जुड़े दर्शनशास्त्र के अतिरिक्त कोई दूसरा विज्ञान नहीं है। चूँकि दर्शनशास्त्र उच्च कोटि के ज्ञान जहाँ संशय, असंगतियाँ, भ्रम और दूसरी पाबन्दियों तथा अपनी रुचियों के प्रति गुलामी से आज़ादी, निर्धारण, व्यापकता, शुद्धता होती है, से सम्बन्धित होता है, इसलिए दार्शनिक विधा से निष्णात बुद्धि समस्याओं की गहराई तक पहुँचने के लिए तब तक प्रश्न करती है जब तक कि वह स्पष्ट न हो जाए। इसका तात्पर्य है कि यह बुद्धि के प्रश्न करने की क्षमता को परिष्कृत

करती है। यह प्रश्न करने की प्रक्रिया तब तक चलती रहती है जब तक वह समस्या सभी पक्षों से स्पष्ट प्रकाशित न हो जाए। प्रश्न करने की प्रक्रिया तब दार्शनिक क्रिया होती है जब वह ज्ञान को प्रकाशित होने की दिशा में संशय, विरोध और दूसरे तरह के दोषों को दूर करने में सहयोगी हो, न कि कोई सूचना प्राप्त करने के लिए या प्रश्न के लिए प्रश्न हो। प्रश्न करने की शक्ति समस्या के निर्धारण और समाधान हेतु किसी व्यक्ति के जीवन को बौद्धिक रूप से सक्षम बनाती है। जब जीवन और चिन्तन से सम्बन्धित किसी समस्या से हम टकराते हैं तो प्रश्न करने की प्रक्रिया आरम्भ होती है और विश्लेषण करने से हमारी समझ उसके सम्बन्ध में जब साफ़ हो जाती है तब वह रुक जाती है। यह दार्शनिक प्रक्रिया जीवन की उपलब्धियों और तथ्यों तथा हमारी आकांक्षाओं और अपेक्षाओं से भी सम्बन्धित होती है जिसका परिष्करण दर्शन और केवल दार्शनिक चिन्तन से ही हो सकता है। प्रश्न करना दर्शन नहीं है, यह समस्या की स्पष्टता तक पहुँचने के लिए सहकारी उपाय मात्र है। इसकी एक सीमा है किन्तु यह विश्वास दिलवाने तथा सहमति और असहमति बनाने में उपयोगी होती है।

23. Therapeutic Utility of Philosophy: A Cure of Illness of Thoughts (एक चिकित्सकीय पद्धति के रूप में दर्शनशास्त्र की उपयोगिता : यह विचारों की रुग्णता का इलाज है)

THERE are three major diseases, which cause all sorts of suffering categorized as:

i. those pertaining to the body,
ii. to the language, and
iii. to the thoughts and thinking.

Āyurveda and different medical paths occupy with the cure of the disease of body; language and grammar engage, with the cure of the abuses of language checking the corruption of language and for clarity of thoughts. Finally, the systems of philosophy serve as a therapy against the ills/diseases of thoughts or reasoning. Our thoughts are not always sound and sometimes we get wrong conclusions from our misguided and confused reasoning.

Contemporary phenomenological method emphasizes freeing our thinking and thought from different sorts of superstitions and allegiances we earn since birth. As a remedy of removal of ignorance and consequent causes of suffering laying deep in one's very structure, philosophy is, covetously, a very practical discipline. Bhartṛhari in his *Vākyapadīya* has nicely pointed out the defects and the cure against those defects in a way that the purpose of the learning of different disciplines becomes specified. According to the verse, whatever the impurities there exist, of body, of language and of thoughts (*buddhi*), their purification is effected respectively through the sciences of physical treatment with which Āyurveda and medical sciences occupy, of grammar and of science of spirituality, i.e. philosophy, respectively.[29] Philosophy is the only cure against the ills of the thoughts and thinking; it is a therapy that transforms the life and personality of a wise.[30]

Suffering is the basic problem of all heterodox and orthodox systems of Indian philosophy. It is caused by ignorance, illusion, confusion and that is the reason they form the core problems of Indian philosophy. In Buddhism, it is the first of the fourfold truths (*ārya sat*); in Jainism, it is the secretion of material elements that penetrate the conscious atoms and leads to bonds and hence suffering. Sāṁkhya–Yoga and other orthodox systems including Vyākaraṇa and Āyurveda observe suffering as the basic problem, the eradication of which is the purpose of these philosophies. They believe methodical diagnosis helping exclusive and everlasting eradication of suffering. We can understand these systems as clinics

---

[29] Spirituality, herein, means the science of the cure of mind that gets interested with our allegiances and become captive to a thing or to an ideology. In this sense it stands for philosophy that occupies with knowledge disinterested and free from the captives.

[30] *kāyavāñgabuddhiviṣayā ye malāḥ samavasthitā* । *cikitsālakṣaṇā-dhyātmaśāstraiḥ teṣām viśudhayaḥ* ॥ – *Vākyapadīya*, 1.147, canto I, ed. with English tr. K. Raghavan Pillai, Delhi: Motilal Banarsidass, 1971

of treatment of suffering with its causes lying very deep in the very existence of human beings.

We observe that even the materialistic system of Cārvāka, howsoever, its philosophy is misunderstood by the history writers, as a way of life based on hedonistic ideology of "eat, drink and be merry", is very prudent about pointing out a healthy and happy living of the present. How can one live a merry life by eating foul meal disordering his stomach? He will be more conscious about the truth that his stomach is not just a dustbin where anything unhygienic, digested at the risk of damaging his liver, be put in. He will be more caring about keeping his kidney healthy while drinking the alcoholic products and more and more caring about protecting himself from being affected by acquired immune deficiency syndrome (AIDS) while enjoying irrational sex where he is not sure of being safe. Being merry requires a morally balanced conduct for oneself and for others as a prerequisite of a happy present life and such a conduct is not possible without healthy and balanced thoughts.

दर्शन के सभी सम्प्रदाय उपयोगी प्राविधिक चिकित्सा तन्त्र हैं जो अपने-अपने ढंग से रुग्णता और कारणों सहित दुःख के विच्छेदन को आश्वस्त करते हैं। सभी प्रकार के दुःखों को उत्पन्न करने वाली तीन प्रमुख रुग्णताएँ हैं। उनको हम इस तरह वर्गीकृत करते हैं – प्रथम, शरीर से सम्बन्धित, द्वितीय, भाषा से सम्बन्धित तथा तृतीय, विचार और विचार की प्रक्रिया से सम्बन्धित। आयुर्वेद और दूसरी चिकित्सा पद्धतियाँ शरीर की चिकित्सा से सम्बन्धित हैं। भाषा के ग़लत प्रयोग से बचने और विचारों की स्पष्टता के लिए भाषा और व्याकरण काम करते हैं। विचार या बुद्धि के दोषों के विरुद्ध दर्शनशास्त्र एक चिकित्सा तन्त्र के रूप में कार्य करता है। हमारे विचार हमेशा स्वस्थ नहीं होते तथा भ्रमित और भटकी बुद्धि से कभी-कभी हम ग़लत निष्कर्ष पर भी पहुँच जाते हैं। समकालीन फेनोमेनालॉजिकीय प्रविधि जन्म से अब तक अर्जित विभिन्न प्रकार के अन्धविश्वासों और वासनाओं से विचारों और चिन्तन को स्वतन्त्र करने पर बल देती है। अपनी आन्तरिक संरचना की गहराई में पड़े हुए अज्ञान और उससे उत्पन्न दुःख के कारणों की चिकित्सा के रूप में दर्शनशास्त्र ललचाने की हद तक व्यावहारिक तन्त्र है। *वाक्यपदीय* में आचार्य भर्तृहरि ने बहुत ही सुन्दर ढंग से दोषों और उन दोषों के विरुद्ध चिकित्सा तन्त्रों को

बताया है ताकि सभी भिन्न-भिन्न तन्त्रों का प्रयोजन विशेषीकृत हो सके। इस कारिका के अनुसार जो भी शरीर, भाषा और विचार से सम्बन्धित दोष हैं उनका शुद्धीकरण क्रमशः काय-चिकित्सा द्वारा जिससे आयुर्वेद और दूसरे चिकित्सा विज्ञान सम्बन्धित होते हैं, भाषा या वाणी की शुद्धि भाषा तथा व्याकरणशास्त्र से तथा विचारों की चिकित्सा अध्यात्मशास्त्र या दर्शनशास्त्र से होती है।[31] चिन्तन और विचारों की रुग्णता को दूर करने का एकमात्र उपाय दार्शनिक अनुचिन्तन है। यह किसी व्यक्ति के व्यक्तित्व और जीवन को विवेकपूर्ण रूप में रूपान्तरित करता है।[32]

भारतीय दर्शन के आस्तिक और नास्तिक सम्प्रदायों की मूल समस्या दुःख है। जो अज्ञान, भ्रम, संशय से उत्पन्न होता है यही कारण है कि वे भारतीय दर्शन की मूलभूत समस्याएँ बनती हैं। बौद्ध दर्शन में यह चार आर्य सत्यों में प्रथम है, जैन दर्शन में यह पुद्गल का स्राव है जो जीव अणु में प्रवेश करके बन्धनकारी बनता है और इसीलिए दुःखकारी है। सांख्य-योग, व्याकरण और आयुर्वेद सहित दूसरे आस्तिक सम्प्रदायों में दुःख को मूलभूत समस्या के रूप में देखा गया है जिसका निर्मूलीकरण इन दर्शनों का उद्देश्य है। वे एक प्राविधिकीय निदान में विश्वास करते हैं जो दुःख की ऐकान्तिक और आत्यन्तिक निवृत्ति में सहायक होती हैं। हम मानव के गहरे अन्तस् में समाए हुए दुःख की उनके कारणों सहित चिकित्सा के चिकित्सालयों के रूप में इन दार्शनिक सम्प्रदायों को समझ सकते हैं।

हम पाते हैं कि भौतिकवादी चार्वाक सम्प्रदाय चाहे जितना भी इतिहास लेखकों द्वारा उसके दर्शन को "खाओ, पीयो और मौज उड़ाओ"[33] की एक स्वर्थवादी विचारधारा के रूप में ग़लत समझा गया हो, वर्तमान जीवन को स्वस्थ और सुखी रेखांकित करने में बहुत सचेत रहा है। पेट को खराब करने वाले ग़लत आहार को खाकर कोई सुखी जीवन कैसे जी सकेगा? वह इस सत्य के प्रति ज़्यादा सचेत होगा कि उसका पेट कोई कूड़ादान नहीं है जिसमें कोई भी चीज़ जो यकृत (लीवर) को नुकसान पहुँचाने को रखा जाए। वह शराब (एल्कोहल) उत्पादों को पीते समय अपने गुर्दा (किडनी) को स्वस्थ रखने की चिन्ता किसी से अधिक करेगा। विकृत मैथुन जिसमें अपनी सुरक्षा के प्रति वह आश्वस्त नहीं है, ऐसे एड्स से प्रभावित होने वाले

---

31 यहाँ आध्यात्मिकता का तात्पर्य रुचियों, इच्छाओं तथा वासनाओं से रागानुरक्त, किसी वस्तु या किसी सिद्धान्त की कैदी बुद्धि की चिकित्सा पद्धति से है। इस सन्दर्भ में इसका अर्थ "दर्शन" से है जो निरपेक्ष तथा सब प्रकार के वैचारिक कैद से मुक्त ज्ञान के लिए अधिकृत है।

32 कायवांग्बुद्धिविषया ये मलाः समवस्थिताः। चिकित्सालक्षणाध्यात्मशास्त्रैस्तेषां विशुद्धयः।। –*वाक्यपदीय* 1.147, सम्पादन के साथ अंग्रेज़ी अनुवाद, के॰ राघवन पिल्लई, मोतीलाल बनारसीदास, नई दिल्ली, 1971।

33 यावज्जीवेत् सुखं जीवेत्।

खतरों से बचने के प्रति भी वह किसी और से अधिक सचेत होगा। वर्तमान में सुखी जीवन की पूर्व आवश्यकता के रूप में अपने प्रति और दूसरों के प्रति एक सन्तुलित नैतिक आचरण की आवश्यकता होती है और इस तरह का व्यवहार बिना स्वस्थ और सन्तुलित आचार-विचार के सम्भव नहीं होता।

24. Management and Cure of Desires (इच्छाओं का परिमार्जन एवं प्रबन्धन)

INVESTIGATIONS in Indian tradition have always been applied or practice-based. Utility of philosophy in everyone's day-to-day life from birth to hundred springs necessarily attaches the issue with management of desires that prompts us for duties and responsibilities. One gets birth in a family, lives the life of institutions to cultivate wisdom. Lastly, satisfying all the four categories of desires one by one in sequence of life of institutions enables one for freedom from all desires. The desires if they are not managed in the way to well-being can be pestiferous. Dissatisfied desires grow like a community of destructive diseases. Since desires cause incentive to the duties, the Sanātana tradition well visions about cultivating the desires so that the human efforts and duties can be managed and moved to the accomplishment of the individual well-being and social welfare. Freedom from fourfold meanings of human life that is *puruṣārtha*. The tradition masters managed all desires in sequence of the categories of *artha*, *kāma*, *dharma* and *mokṣa* prescribed for living in all the four categories of desires requires satiation of stages of the institutional life (*brahmacarya*, *gārhasthya*, *vānaprastha* and *saṁnyāsa*). *Puruṣārtha* is not given; it is earned by disciplined human endeavour. A category of desires, when satisfied culminates into the *puruṣārtha* of that category. Worldly prosperity (*abhyudaya*) and lastly well-being (*niḥśreyas*) are accomplished, by the accomplishment of *puruṣārthas*. The scheme of *puruṣārtha* is the management of desires for getting them satisfied by duties and responsibilities at different stages of life and finally freedom from them.

Living of desires starts from household (*gārhasthya*) continues to wanderer's life and renunciation and so is their satiation and freedom from them. For living the life of desires, one requires to learn and qualify for entering into household stage. The stage of studentship (*brahmacarya*) is purely the stage of learning the ways and means of wisdom and acquiring all possible skills that can make the students qualified to enter into the household living. This is a stage of learning the wisdom and skill and thus making the shoulders strong enough to live his desires in different stages of Āśrama life; it is a stage of preparation of the life journey to hundred springs.

During twenty-five years of the household after student stage one practises one's desires of earning wealth and prosperity (*artha*) and family (*kāma*). Satisfying well those desires makes them *puruṣārtha*. And when these desires become *puruṣārtha*, they do not disturb the practitioner any more; it leads the aspirant to the freedom from the desires of *artha* and *kāma*, and the subsequent effects. Knowing their hollowness the person moves to live other category of desires; that is the duties and responsibility of the welfare of others (*dharma*) which are practised and satisfied in the wanderer's stage of twenty-five years. The term "others" includes human, non-human, animals and the surrounding environment. A wanderer at this stage performs benevolence, gives donations and performs all the duties needed for the welfare of others. In brief, he practises living his desires of *dharma* the person consequently achieves reputation and fame as the meaning of his life. After the accomplishment of the desires of *dharma*, he moves to the renunciation state and practises the desires of leaving all categories of the desires. Satisfaction of all the desires leads the person to freedom from them and the subsequent effects that we term *mokṣa*.

In brief, the person exchanges his/her desires into values by performing duties prompted by those desires for the welfare of others. What values of desires the person exchanges by performing the duties prompted by that desire? If the agent by performing the duty feels satisfied and the other to whom he performs is seen safe and obliged by expression of his face, looks worriless, fearless, healthy and enriched. There is exchange of agent's desires with some or other values he creates by his service to others. Thus the idea of *puruṣārtha* is based purely on an applied moral philosophy. According to it, human desires and the efforts/duties prompted by them are for the well-being of the individual and welfare of the society.

Several scholars consider different fourfold meaning of life in sequence of *dharma*, *artha*, *kāma* and *mokṣa* with face-to-face different four stages of life (student, householder, wanderer and renouncer). They view that *dharma puruṣārtha* is practised in student stage, wealth and family desires in household and the desires of *dharma* in wanderer's stage. They attach *dharma puruṣārtha* with student life and reject renunciation. But this is not proper because studenthood is the stage of preparation and not for enjoying desires. A student is a *brahmacārī*. The student learns wisdom by earning different skills and thus gets qualified for entering into the household. At household, he earns money and enjoys desires of family life. To learn *dharma* and to practise *dharma* in life are not the same. Only after satisfying the desires of wealth and family that one can move to practise desires of *dharma*. Practising desires of non-attachment, benevolence, generosity, giving donation to the poor and needy and alike are the duties of a wanderer (*vānaprasthī*) and not of a student (*brahmacārī*). All desires of a student are dedicated pointedly to learn, managing desires for reasoning, skills and wisdom. A student is not qualified and required and is not prescribed to earn money and involve in sensual pleasures. Philosophy of cure of desires gradually in sequence of *artha*, *kāma*, *dharma* and *mokṣa* cultivates the desires that manage them to live at different stages of life and frees the practitioners from their desires, interests and allegiances.

भारतीय परम्परा के अनुसन्धान सदैव से अभ्यासमूलक अथवा प्रायोगिक रहे हैं। जन्म से सौ बसन्त तक प्रत्येक व्यक्ति की दिनचर्या में दर्शनशास्त्र की उपयोगिता का विचार अपरिहार्य रूप से उन इच्छाओं के प्रबन्धन से जुड़ा है जो हमारे कर्त्तव्यों और नैतिक उत्तरदायित्व के प्रेरक होते हैं। मनुष्य एक परिवार में पैदा होता है; बुद्धि-विवेक के परिष्कार हेतु आश्रमों के जीवन को जीता है और अन्ततः उन आश्रमों में क्रमशः सभी चार कोटियों की इच्छाओं को जीते हुए एक-एक से मुक्त हो जाता है। अगर इच्छाओं का प्रबन्धन जीवन के कल्याण की दिशा में न हो तो वे विनाशक हो सकती हैं। असन्तुष्ट इच्छाएँ विनाशक महामारी के समुदाय के रूप में बढ़ती हैं। चूँकि इच्छाएँ कर्त्तव्य की प्रेरक हैं उन इच्छाओं के परिष्करण को सनातन परम्परा दृष्टिगत करती है ताकि मानवीय प्रयत्नों और कर्मों को प्रतिबन्धित किया जा सके और व्यक्ति अपने जीवन के चारों पुरुषार्थों यानि प्रेय और श्रेय प्राप्ति की ओर क्रमशः अग्रसर हो सके। परम्परा के कुशल शिल्पकारों ने गार्हस्थ्य, वानप्रस्थ और संन्यास आश्रमों में क्रमशः जीये जाने वाले अर्थ, काम, धर्म और मोक्ष कोटियों की इच्छाओं का प्रबन्धन किया है। पुरुषार्थ सिद्धरूपेण प्रदत्त अवस्थाएँ नहीं होते। वे मानव के नियन्त्रित प्रयासों से अर्जित या सिद्ध किए जाते हैं। किसी कोटि की इच्छाएँ परितुष्ट होकर उस कोटि की पुरुषार्थ बन जाती हैं।[34]

विभिन्न चार आश्रमों में जीने योग्य अर्थ, काम, धर्म और मोक्ष कोटि में इच्छाओं का प्रबन्धन आश्रम विशेष से सम्बन्धित उस कोटि की इच्छाओं से परितुष्ट और धीरे-धीरे पुरुषार्थ के रूप में उनकी सिद्धि होती है। पुरुषार्थ-व्यवस्था अभ्युदय और अन्ततः निःश्रेयस की प्राप्ति के लिए माननीय इच्छाओं का प्रबन्धन है।

आश्रमीय जीवन में इच्छाओं का जीना गृहस्थ आश्रम से आरम्भ होता है और वानप्रस्थ तथा संन्यास तक चलता है। आश्रम जीवन जीने के लिए सीखने और गार्हस्थ्य जीवन में प्रवेश के लिए प्रशिक्षित होने या योग्य होने की आवश्यकता होती है। ब्रह्मचर्याश्रम तो पूर्णतः विवेक प्राप्ति हेतु मार्गों और साधनों को सीखने या प्रशिक्षण प्राप्त करने तथा उन सभी कौशलों को ग्रहण करने का संस्थान है जो उसे गृहस्थ जीवन में प्रवेश के योग्य/सक्षम बनाता है। यह कौशल और विवेक के प्रशिक्षण प्राप्त करने का आश्रम है जिससे विभिन्न आश्रमों से सम्बन्धी अपनी इच्छाओं को जीने के निमित्त व्यक्ति अपने कन्धों को मजबूत बना सके यह सौ बसन्त की जीवन-यात्रा की तैयारी करने का आश्रम है।

---

34 अर्थात् व्यक्ति उस कोटि की इच्छाओं से ऊपर उठ जाता है।

गृहस्थाश्रम के पच्चीस वर्षों की अवधि में व्यक्ति अपनी अर्थ और काम की इच्छाओं की सन्तुष्टि के लिए अभ्यास करता है। इन इच्छाओं को ठीक से सन्तुष्ट करना इन्हें पुरुषार्थ बनाता है और जब ये इच्छाएँ पुरुषार्थ (मीनिंग ऑफ़ लाइफ़) बन जाती हैं तो वे व्यक्ति को आगे विक्षुब्ध नहीं करती। तथा अर्थ और काम की इच्छाओं और उनसे पैदा होने वाले प्रभावों, फलों से व्यक्ति मुक्त हो जाता है। उनकी निःसारता को जानकर व्यक्ति दूसरी कोटि की इच्छाओं अर्थात् धर्म या दूसरे[35] के प्रति कल्याणकारी कर्त्तव्य और उत्तरदायित्व को जीने के लिए अग्रसर होता है। जिन्हें वह वानप्रस्थाश्रम के पच्चीस वर्षों को जीता है और उन्हें सिद्ध करता है।

इस आश्रम में वानप्रस्थी परोपकार करना, दान देना और उन सभी कर्मों का सम्पादन करता है जो दूसरों की भलाई के लिए आवश्यक हो। संक्षेप में, धर्म-कार्य की इच्छा का अभ्यास करता है, जीवन के अर्थ के रूप में प्रसिद्धि और कीर्ति की प्राप्ति करता है। धर्म सम्बन्धी इच्छाओं के सिद्ध होने पर संन्यास आश्रम की ओर प्रयाण करता है और सभी कोटि यहाँ तक की मोक्ष की इच्छा से भी मुक्त होने का अभ्यास करता है। सभी इच्छाओं की सिद्धि से व्यक्ति उनसे और उनसे उत्पन्न होने वाले प्रभावों से मुक्त हो जाता है जिसे हम मुक्ति कहते हैं।

संक्षेप में व्यक्ति इच्छाओं से प्रेरित कर्त्तव्यों के निष्पादन द्वारा अपनी इच्छाओं का दूसरों की भलाई रूपी मूल्यों द्वारा विनिमय करता है। इच्छाओं से प्रेरित कर्त्तव्यों के पालन द्वारा व्यक्ति किन मूल्यों से इच्छा का विनिमय करता है? यदि कर्ता कर्त्तव्य-पालन द्वारा सहज, प्रसन्न और सन्तुष्ट महसूस करता है और जिनके प्रति वह कर्त्तव्य करता है वह यदि स्वस्थ, सम्पन्न, चिन्ता-रहित, भयरहित प्रतीत हो तो किसी न किसी मानवीय मूल्य, जिसे वह अपने आचरण से उत्पन्न करता है, से व्यक्ति अपनी इच्छाओं का विनिमय करता है। इस तरह पुरुषार्थ विचार विशुद्ध रूप से एक दर्शन पर आधारित है जिसे हम प्रयुक्त नैतिकता कहते हैं। इसके अनुसार मानवीय इच्छा और उससे प्रेरित कर्त्तव्य व्यक्ति तथा समाज के कल्याण के लिए होते हैं।

बहुत से विद्वान् धर्म, अर्थ, काम और मोक्ष इन चार प्रकार के जीवन के अर्थों की कोटियों को ब्रह्मचर्य, गृहस्थ, वानप्रस्थ और संन्यास इन चार आश्रमों के एक-एक के क्रम में विचार करते हैं। उनका मानना है कि धर्म पुरुषार्थ को ब्रह्मचर्याश्रम में, अर्थ और काम को गृहस्थाश्रम में और धर्मार्थ इच्छाओं से मुक्ति का अभ्यास वानप्रस्थाश्रम में होता है अर्थात् धर्म का सम्बन्ध ब्रह्मचर्य से जोड़ते हैं और संन्यास को अनावश्यक आश्रम मानते हैं। परन्तु ऐसा सोचना उचित

35 दूसरे शब्द के अन्तर्गत मानव, ग़ैर-मानव प्राणी और घिरा हुआ पर्यावरण सम्मिलित हैं।

नहीं है[36] क्योंकि ब्रह्मचर्य सीखने की अवस्था है न कि इच्छाओं को भोगने की। विद्यार्थी एक ब्रह्मचारी होता है। वह विवेक सीखता है तथा विभिन्न कौशलों को अर्जित करता है। उसकी सारी इच्छाएँ विद्या और कौशल सीखने की होती है और इस तरह गार्हस्थ्य जीवन में प्रवेश करने की योग्यता प्राप्त करता है। गार्हस्थ्य जीवन में वह धन अर्जित करता है और पारिवारिक जीवन की इच्छा का भोग करता है। धर्म को सीखना और धर्म का जीवन में अभ्यास करना दोनों एक नहीं है। अर्थ और काम की इच्छाओं की सिद्धि हो जाने के अनन्तर ही धर्म की इच्छाओं के अभ्यास की तरफ़ उन्मुख हुआ जा सकता है। इच्छाओं के प्रति अनासक्तता का अभ्यास, परोपकार दयालुता उदारता और ज़रूरतमन्द लोगों को दान देना ये सब धर्म एक वानप्रस्थी के कर्त्तव्य हैं, न कि विद्यार्थी के। एक ब्रह्मचारी की सभी इच्छाएँ बुद्धि, विवेक और कौशल को सीखने की होती हैं। एक ब्रह्मचारी धनार्जन नहीं करता और न ही उसके लिए ऐन्द्रिक सुखों के भोग की स्वीकृति है। व्यक्ति अर्थ, काम, धर्म और मोक्ष के क्रम में इच्छाओं का परिष्कार करता है। अर्थ, काम, धर्म और मोक्ष की इच्छाओं के संसाधन का दर्शन विभिन्न आश्रमों में क्रमशः उत्तरोतर जीने के लिए, उन्हें साधित करने के लिए प्रबन्धित करता है ताकि अभ्यासी व्यक्ति को अंततः उनकी रुचियों, वासनाओं और इच्छाओं से मुक्ति मिल सके।

25. Philosophy: A Cure for Family Quarrel
(दर्शन : गृह-कलह की एक चिकित्सा)

MANY a time, people question about the use of philosophy in day-to-day life. Why is there family quarrel? How can philosophy help us in removing family quarrel? Family quarrel is caused because of lack of a clear understanding in between the members of the family. There are family quarrels, quarrels between husbands and wives, between children and parents. The question is: Why does a dispute take place between a wife and a husband? The husband thinks that he is a male and is privileged to dominate over the wife

36 लेखक पुरुषार्थ (धर्म, अर्थ, काम और मोक्ष) के क्रम में किञ्चित परिवर्तन करते हुए इसके क्रम को अर्थ, काम, धर्म और मोक्ष के रूप में स्वीकार करते हैं तथा पुरुषार्थ की एक नवीन व्याख्या करते हैं। जिसमें उनका मानना है कि धर्म को ब्रह्मचर्याश्रम में सीखा जाता है तथा उसका अभ्यास वानप्रस्थाश्रम में होता है।

and children because they have subordinate value; they depend on him for their needs in so many ways. Wives also have the same attitude.

Wives can also think that they are politically and economically independent and empowered more than the males. Even if both are empowered, there is no surety that there is no family quarrel or less quarrel. Family is not run by political and economical powers but by understanding and sharing of burdens among its members. We are of the view that for a good family life, one must not play politics with its members. A member is a member of a family if he follows at least minimum requirements of being a member in the family. If understanding and respect for the individuals in a family are overlooked, there is a clash of powers and conflicts of their ego. Confusions, doubts in the family take shape in place of harmony, cooperation and progress of the family. The basic ground of the privilege of the husband and wife is based on ignorance. Likewise, wives may think that they are superior and that they are not supposed to be dominated by husbands. The difference between the two widens more and more because of not clarifying the issue of the difference. More distance is formed between them day by day and that results in a cultural gap, a family quarrel that culminates in divorce, suicide and murder. If any of the two invites the other on the problem between them for a talk on the tea table or if they sit together and put the problem for clarity, analyse it and try to find out if the problem is real or imposed, we are confident that there is no conflict on truth but if they are imposed then we are sure that all problems can be resolved. If it is an imposed problem, philosophy can help removing that. They can sincerely share the problem on the table, analyse it. They can make an agreement on all the points and if they do not agree on certain points they may for the time being agree to disagree on that point and, then, the quarrel of the family may change into the happiness of the family. Both are rational beings, both are the members of the family, having equal opportunities, and the tendency to dominate each other on the basis of sexual, economical and political powers are not value adds for maintaining the family which is a natural tie of both the sexes and, thus, both will agree on this point and then there will be no struggle, no divorce. The problems between them will be resolved by dealing philosophically. Similarly, the elders should respect the ego of youngers and vice versa in a family that may liquidate the quarrel into the welfare of the family.

दैनिक जीवन में दर्शन के उपयोग के बारे में लोग बार-बार प्रश्न करते हैं। क्या आपने कभी सोचा है कि गृह-कलह क्यों होते हैं? और गृह-कलह को दूर करने में दर्शन किस तरह से सहायक हो सकता है? प्रायः यह देखा जाता है कि परिवार के सदस्यों के बीच स्पष्ट समझ का अभाव गृह-कलह का कारण होता है। गृह-कलह में पति-पत्नी के बीच और पिता, माता एवं बच्चों के बीच में झगड़े होते रहते हैं। प्रश्न है कि पति और पत्नी के बीच विवाद क्यों होता है? पति यह सोचता है कि वह पुरुष है और पत्नी तथा बच्चों पर प्रभुत्व जमाने का विशेषाधिकार रखता है क्योंकि उन सभी का मूल्य उसके अधीन है; अनेकों प्रकार से वे अपनी आवश्यकताओं के लिए उस पर निर्भर रहते हैं। ऐसी ही सोच पत्नियों की भी होती है। वे यह भी सोच सकती हैं कि पुरुष की अपेक्षा वो ज़्यादा सशक्त और आर्थिक एवं राजनैतिक रूप से स्वतन्त्र हैं। दोनों के सशक्त होने पर भी यह निश्चितता नहीं होती कि कोई गृह-कलह नहीं होगा या कम होगा। राजनैतिक अथवा आर्थिक शक्ति से परिवार नहीं चलता बल्कि सदस्यों के बीच पारस्परिक समझ और साझेदारी से चलता है। हमारा दृष्टिकोण है कि अच्छे पारिवारिक जीवन के लिए किसी सदस्य द्वारा परिवार के सदस्यों के साथ राजनैतिक खेल नहीं होना चाहिए। कोई भी एक परिवार का सदस्य तब होता है जब परिवार के सदस्य होने की न्यूनतम आवश्यकताओं का अनुपालन करता हो। यदि परिवार में किसी सदस्य की सोच और सम्मान की अनदेखी की जाती है तो शक्तियों का टकराव होता है। उनके "अहं" का टकराव होता है। परिवार में समरसता, सहयोग और परिवार की उन्नति के स्थान पर संशय और भ्रम घर कर लेता है। पुरुष और इसी तरह स्त्री के विशेषाधिकार का आधार अहंकार है, अज्ञान है। इसी तरह पत्नी भी स्वयं को श्रेष्ठ सोच सकती है; वह किसी पुरुष की पराधीनता स्वीकार करने के लिए नहीं बनी है। दोनों के बीच जो भेद है उस भेद के स्पष्ट न होने के कारण उनमें मतभेद उत्तरोत्तर बढ़ता जाता है। दिन-प्रतिदिन दोनों के बीच दूरियाँ बढ़ने लगती हैं, जिसका परिणाम होता है एक सांस्कृतिक दूरी; एक गृह-कलह जिसकी परिणति सम्बन्ध-विच्छेद, आत्महत्या और हत्या में होती है। यदि उन दोनों में से कोई एक-दूसरे को पारस्परिक समस्या के सम्बन्ध में बातचीत

करने के लिए मेज पर आमन्त्रित करे या दोनों मिल-बैठ कर समस्या को विश्लेषित करने और इस बात को जानने का प्रयास करें कि समस्या वास्तविक या आरोपित। हम आश्वस्त हैं कि वास्तविकता/सच्चाई पर कोई समस्या नहीं हो सकती। यदि यह आरोपित है तो उसको दूर करने के लिए दर्शनशास्त्र उपायभूत हो सकता है। वे ईमानदारी से एक साथ बैठकर समस्या को आपस में बाँट सकते हैं और समस्या के प्रत्येक बिन्दु का विश्लेषण कर सकते हैं। वे समस्या के प्रत्येक बिन्दु पर सहमति बना सकते हैं और किसी बिन्दु पर यदि सहमति नहीं बनती तो तत्क्षण उस बिन्दु पर असहमत होने के लिए सहमति बना सकते हैं, तब गृह-कलह गृह-ख़ुशी में बदल सकता है। दोनों बौद्धिक प्राणी हैं तथा दोनों परिवार के समान अवसर सम्पन्न सदस्य हैं और लिंग, आर्थिक तथा राजनैतिक भेद के आधार पर एक-दूसरे पर हावी होना परिवार चलाने के मूल्य नहीं है। मूल्य तो दोनों लिंगों के बीच नैसर्गिक बन्धन है। इस तरह इस बात पर दोनों सहमत होंगे और तब न तो कोई विवाह-विच्छेद ही होगा और न कोई गृह-कलह। इसी तरह बड़ों को छोटों के तथा छोटों को बड़ों के अहं का भी सम्मान करना गृह-कलह के स्थान पर गृह-कल्याण का मार्ग प्रशस्त करता है। दार्शनिक प्रक्रिया से ही दोनों के बीच समस्या का समाधान हो जाएगा न कि मतदान (वोटिंग) से।

26. Philosophy Is the Remedy of Resolving the Problems (दर्शन दार्शनिक समस्याओं के समाधान का उपाय है)

BEING rational, humans confront with some or the other problem. There is no problem for problem's sake. Problems are not outside. All problems are products of a reflective mind that confronts each problem whether they are concerned with confrontation in family, society or anything. Philosophical minds know the reality of the problems. Those who have rational hunger not only confront with problems but that confrontation makes their minds self-aware or reflective also. They reflect over the problem, analyse them, make agreement and disagreement, take a decision and lastly resolve the problem. If the problem is clear to mind, it can be diluted by philosophical method of analysing them, reflecting on them or universalizing or rationalizing them, the problem is resolved. If it still persists we can make agreement one by one on the analysed parts and even if there are some parts on which agreement is not possible at a time, we should try the same process to make an agreement, and the point on which no agreement is possible because of some dogma, they can make an agreement to disagree on that point and this decision makes the problem resolved. If the problem is clear, even then uncertainty about the future persists, it can, but that is not disturbing because the mind is clear about the problem. Problems involved in any conceptualization and theorization are resolved by philosophical reflections on them.

बौद्धिक प्राणी होने के नाते मनुष्य किसी न किसी समस्या से टकराता रहता है। समस्या समस्या के लिए नहीं होती तथा समस्या बाहरी भी नहीं होती। सभी समस्याएँ मस्तिष्क में आए विचारों द्वारा पैदा होती हैं चाहे उन समस्याओं का सम्बन्ध परिवार से हो, समाज से हो या किसी अन्य से। दार्शनिक बुद्धि समस्याओं की वास्तविकता को जानती है। जिनको बौद्धिक भूख लगती है वे व्यक्ति केवल समस्याओं से टकराते ही नहीं बल्कि उस टकराहट से उसकी बुद्धि स्व-चेतन अथवा अनुचिन्तनात्मक होती है। वे समस्या पर अनुचिन्तन करते हैं, उसका विश्लेषण करते हैं, सहमति एवं असहमति बनाते हैं, एक निर्णय लेते हैं और उस समस्या का समाधान देते हैं। अगर बुद्धि में समस्या साफ़ हो गई तो विश्लेषण उन पर अनुचिन्तनात्मक अथवा उनका सामान्यीकरण या बौद्धीकरण क्रियाओं द्वारा समस्या को स्थिर कर उनका समाधान करता है। इसके बाद भी यदि समस्या बनी रहे तो विश्लेषित भागों पर एक-एक करके सहमति बनाते हैं। कुछ ऐसे भी समस्या के अंश हो सकते हैं जहाँ सहमति सम्भव नहीं है तो हम वहाँ भी सहमति बनाने के लिए इसी प्रक्रिया को अपनाते हैं और कुछ बिन्दुओं पर, जिन पर किसी वजह से सहमति सम्भव नहीं हो पाती, हम असहमत होने के लिए सहमति बनाते हैं और इससे समस्या का समाधान हो जाता है। अगर समस्या साफ़ हो गई उसके बाद भी भविष्य में उसके बने रहने की सम्भावना हो सकती है परन्तु यदि समस्या के बारे में बुद्धि साफ़ हो गई तो वह हमें बिक्षुब्ध नहीं करती। अवधारणात्मक समस्या कोई हो तो दार्शनिक अनुचिन्तन से उसे दूर करते हैं।

27. Philosophy Is the Remedy Against Aggressiveness and Terrorism (दर्शन आक्रामकता और आतंकवाद के ख़िलाफ़ उपचार है)

SINCE philosophy occupies not only with clarity of knowledge but with cultivation also, we talk about moral philosophy as a vital branch of philosophy. It can serve as a remedy against aggressiveness and terrorism. In Indian philosophy, there is a concept of inborn debt of what one learns (*ṛṣi-ṛṇa*) that can be paid off if one imparts his learning for the welfare of others. Let us illustrate it with an example. Suppose two students learn the technique of making atomic bombs, missiles, satellites and the methods of launching them. One can think that he has learnt a great wisdom and therefore it is obligatory on his part to use it for the welfare of his society and country. On the other side, the next one can also think that by acquiring great knowledge he is empowered enough to destroy all those who have a view and way of life different from him or to all those who do not respect and follow his way of life like a herd of sheeps, have no right to live. This ideology gives rise to terrorism. But, if he feels indebted to all surrounding in which he is grown and educated, he will follow duties/obligations and responsibilities as a way of paying off the debts he borrowed from his surroundings. Terrorism and aggressiveness to other ideology are due to a specific ignorance, a blind faith in one's mind that his is as the only way of life; and ignores other's experience, duties and responsibilities as human beings. Philosophical reflection is the discipline of wisdom, a weapon against ignorance. In order to make the mind free from aggression to other's ideology and to exercise own experiences free from dogmatic interests and allegiances, philosophy is the only cure.

चूँकि दर्शन, ज्ञान की स्पष्टता से ही नहीं बल्कि संस्कार और संवर्धन से भी सम्बन्धित है इसलिए दर्शन की एक जीवन्त शाखा के रूप में हम नैतिक दर्शन की बात करते हैं। यह आक्रामकता

और आतंकवाद के विरुद्ध उपाय के रूप में काम करता है। भारतीय दर्शन में ऋषि-ऋण एक जन्मजात प्रत्यय है। जिससे हम जो सीखते हैं उसे दूसरों के कल्याण के लिए देकर चुकता कर सकते हैं। इसे एक उदाहरण से हम स्पष्ट करते हैं – मान लीजिए दो छात्र हैं जो आणविक बम, प्रक्षेपास्त्र (मिसाइल्स), उपग्रह और उनके प्रयोग की तकनीक सीख लेते हैं। उसमें से एक सोच सकता है कि हमने बहुत बड़ा ज्ञान सीख लिया है और इसलिए देश और समाज के कल्याण के लिए इसका उपयोग हमारा कर्त्तव्य है। दूसरी तरफ़ दूसरा ये सोच सकता है कि इस बड़े ज्ञान को प्राप्त कर मुझमें इतनी शक्ति हो गई है कि मैं उन सबको नष्ट कर दूँ जिनके अपने सिद्धान्त और पद्धति है अथवा उनको जो हमारी जीवन-पद्धति और विचार को न तो मानते हैं और न ही भेड़ों की भाँति सम्मान करते हैं उनको जीने का कोई अधिकार नहीं है। इस तरह की विचारधारा उग्रवाद को जन्म देती है। किन्तु यदि वह अपने परिवेश जिसमें वह पैदा हुआ है, शिक्षित हुआ है उसके प्रति ऋणी है तो वह परिवेश से प्राप्त ज्ञान के ऋण को चुकाने की दिशा में अपने कर्त्तव्यों और उत्तरदायित्वों का पालन करेगा। दूसरे विचारधारा में आक्रामकता और उग्रवाद एक विशेष तरह का अज्ञान है। किसी एक के अनुभव को जीवन का एकमात्र मार्ग समझना अन्धविश्वास है जिसे हम अपने अन्तरतम् में परम के रूप में आरोपित कर लेते हैं और अपने खुद के अनुभव की, मनुष्य होने के नाते अपने अनुभव की, अपने कर्त्तव्य और उत्तरदायित्वों की अनदेखी करते हैं। दार्शनिक चिन्तन विवेक ज्ञान प्राप्ति का अनुशासन है। किसी विशेष विचारधारा की वासना से बुद्धि को मुक्त रखने और कट्टर रुचियों और वासनाओं से मुक्त अपने अनुभव के अनुप्रयोग में दर्शन ही मात्र चिकित्सा है।

28. Philosophy Is the Ground of Wisdom of Beauty and Moral Conduct (दर्शनशास्त्र सौन्दर्य और नैतिक व्यवहार का आधार है)

Consciousness is extensionless; it is all-pervading and it pervades all – extension and extensionless. It flashes only through some, this or that body. It is an ubiquitous principle. In self-conscious human being it flashes through intellect (*buddhi*). Intellect flashes objects, i.e. ideas that are also extensionless. It flashes objects so that its beauty actualizes in each of the existences. We call it the beauty of the creativity of spirit. This creativity is the freedom of spirit which by flashings cultivates self-conscious humans. And that is why the perception of various things or diversities makes them feel interesting and beautiful.

Beauty of intellect lies in the acceptance of diversity through which it gets its potentials actualized and it is this acceptance that we perform venerable conduct to others and make ourselves respectable. To accept things as they exist is the true import of symmetry, it is not an artificial sameness (*ekarūpatā*).

Like the creativity of soul, the Nature is also creative. It always creates novel beauty. Its potency lies in its creativity and it is the actualization of its power that continues to occur. It is why diversities, separately or collectively, attract us charismatically that makes us feel depth in of our relation and freshness. Beauty, separated from creativity of the spirit is nothing but colourless repulsive absurdity.

Viewing even a part as a complete unit of beauty adds the charm. The part has its own beauty and the whole has its own. A rose flower is beautiful but if we analyse the flower into its sepals and petals they have their own beauty. To compare the beauty of the flower with that of its sepal is to disparage or negate the beauty of any of the two. There is no repetition, each of the creativity is new and that is the reason it attracts us.

We, generally, like the flower but the likeness or dislikeness depends on our interest and allegiances; likeness cannot be universalized because likeness or dislikeness are not the same for all. Each and everything has its own beauty which is acceptable to intelligence, it is universal and acceptable to all. On this perception we can achieve our well-being and the welfare of others by taking venerable conduct to others.

We should respect all and should not conflict each other for dominance and exploitation and work in and for harmony. To destroy the diversity only because one theorizes the existence of the part/individual or because one does not accept any or because perceives beauty opposed to a forcefully drawn uniformity is not a philosophy. From the perspective of nature and of God, thinking about uniformity by killing the diversity is just thinking of the divine pauper and as such is suicidal of a faith on the one hand and a social and political crime on the other.

चेतना में विस्तार नहीं होता यह सर्वव्यापक है और विस्तार तथा विस्तारहीन सबको सर्वत्र व्याप्त करता है। किन्तु इसका प्रकाश किसी न किसी शरीर के माध्यम से होता है। स्व-चेतन मनुष्य में बुद्धि के माध्यम से प्रकाशित होती रहती है। बुद्धि विषयों को विचाररूप से प्रकाशित करती है और विचार भी विस्तारहीन होता है। यह इन्द्रियों और उनके विविध विषयों को प्रकाशित करती रहती है ताकि प्रत्येक अस्तित्व में उनका सौन्दर्य प्रकटित हो सके। प्रत्येक अस्तित्वों में स्वतन्त्र रूप से आत्मा का नित्य नूतन प्रकाशित होते रहना इसकी सर्जनात्मकता का सौन्दर्य है। यह सर्जनात्मकता चेतना की स्वतन्त्र है जो प्रकाशित होकर मनुष्य की आत्मा का संस्कार करती है और इसीलिए स्व-चेतन मनुष्य का अनेक विषयों का अवलोकन रुचिकर और सुन्दर प्रतीत होता है।

बौद्धिकता सौन्दर्य की विविधता या अनेकता के अस्तित्व को स्वीकारने में है । इस स्वीकारोक्ति से हम सबके प्रति सम्मानजनक व्यवहार करने और अपने अस्तित्व को सम्मानजनक बनाते हैं । समरूपता का अर्थ जो जिस प्रकार का है उसी रूप में उसकी विद्यमानता को उसके अर्थ को स्वीकारना है न कि एक कृत्रिम एकरूपता।

सृजनशील आत्मा की तरह प्रकृति भी सृजनशील है जो नित्य नूतन सौन्दर्य की सर्जना करती रहती है। इसी में उसकी शक्ति निहित है और उसकी शक्ति का प्राकट्य भी होता रहता है। इसीलिए पृथक्-पृथक् या संगठन के रूप में विविधता हमें करिश्माई रूप से आकर्षित करती है जो हमारे सम्बन्धों की गहराई और ताजगी का अहसास कराती है। सृजनशीलता से विरहित सौन्दर्य एक रंगरहित उबाऊ जड़ता के अतिरिक्त कुछ भी नहीं है।

अंश का अपना सौन्दर्य होता है और समग्र का अपना। गुलाब के फूल का अपना सौन्दर्य है और उसके विश्लेषण से प्राप्त अन्खुदियों, पंखुड़ियों का अपना-अपना। फूल के सौन्दर्य से पंखुड़ियों के सौन्दर्य की तुलना करना किसी एक के सौन्दर्य को नीचा करना या नकारना है। अखण्ड, अविनाशी सौन्दर्य सत् सर्जनशील होता है किसी क्षण की पुनरावृत्ति नहीं होती। प्रत्येक सर्जना नूतन होती है और इसीलिए हमें आकर्षित करती है।

फूल को हम अधिक पसन्द करते हैं लेकिन पसन्द और नापसन्द हमारी रुचियों और वासनाओं पर निर्भर है इसका सामान्यीकरण नहीं किया जा सकता क्योंकि हरेक की पसन्द नापसन्द एक नहीं होती। सभी चीजों की अपनी सुन्दरता होती है यही बौद्धिकता को स्वीकार्य है, सामान्य और सर्वमान्य है। इस दृष्टि से हम सबके प्रति सम्मानजनक व्यवहार को नैतिक कर्त्तव्य समझकर अपना और दूसरों का कल्याण कर सकते हैं।

29. Conclusion (निष्कर्ष)

ALL COGNITIVE activities and hence philosophical thinking are possible only through language. Language, for philosophy, is not exactly what the water is for the fish; rather, it is very like the gills of the fish. Language infuses cognition, determines it and expresses for understanding and communication sake. Philosophical reflections are needed to satisfy the rational hunger of the mind from the problems it confronts. No problem is problem for itself. All problems are at thought level the mind confronts. That is the reason that the problems concerning any discipline are analysed, clarified and resolved by philosophical reflections for clarity and wisdom.

There is no philosophy of philosophy. Philosophy has no philosophy of its own because reflections on problems of philosophies and other disciplines are still philosophy. It is needed because that which flashes is the cause of incentive to our duties, dos and don'ts. If the flashings are imposed on our desires, interests and intentions that vary from person to person, then the right cause of incentive of the duties is deviated and made interested. These are some of the reasons that any such claim by the scientific theories that "knowledge is confined to scientific knowledge that can be tested empirically by senses and proved by scientific experiments and therefore there is no need of philosophy for the study of knowledge" is baselessly deceptive, imperialistic and hence rejected.

Unlike the philosophers who concentrate on language as a metaphor, we agree here with N.S.S. Raman (2011: chap. VI) who observes that language for philosophy is not cloaked by metaphors. A metaphor itself is regarded as in-built into the structure of language[37] and thus philosophy of language and analysis has direct concern with language as the flash of consciousness that expresses its meaning non-differently.

Conclusively, problems are made clear by analysis, questioning and critical method, and this clarity prompts us for philosophical reflection to the extent of removal of the problem and a discriminate understanding of the concept as well. Philosophy is the reflection on the problems expressed by mind for the purpose of clarity of the concepts and wisdom. A reflective activity does not perceive cognition separate from the language and the reality reflected upon is not different from how the language presents it.[38] Since philosophical problems are the objects of reflection, philosophical reflections aim at conceptual clarity by analysis, interpretation and wisdom, the question of a risk against philosophy does not hold any merit. It is only because philosophy fulfils human truth of reasoning to confront with problems and reflect on them to remove them and our aspirations having humanistic concern that the question of utility of philosophy is interesting and warranted.

सभी बोधमूलक क्रियाएँ और इसी तरह दार्शनिक चिन्तन केवल भाषा में ही सम्भव है। दार्शनिक

37 *prajñāvivekam labhate bhinnaiḥ āgamadarśanaiḥ kiyadvā śakyamunnetum svatarkam anudhāvatā* । According to the verse, intellect or thoughts get clarity by going through different systems and traditions of thoughts. Thought of the person, who follows only the system of his allegiance, cannot excel philosophically. – *Vākyapadīya* 2.284, canto II, ed. with English tr. K. Raghavan Pillai, Delhi: Motilal Banarsidass, 1971

38 *Dynamics of Language: Philosophy of the World of the Words*, D.K. Printworld, New Delhi, 2022, vols I & II, discusses the problem of Language infuses cognition elaborately.

चिन्तन के लिए भाषा ठीक उसी तरह नहीं है जिस तरह मछली के लिए जल, बल्कि उस तरह है जिस तरह मछली के लिए उसका गलफड़ा।[39] ज्ञान भाषा अनुविद्ध होता है। भाषा उसे निर्धारित करती है और समझ तथा संवाद के लिए व्यक्त करती है। बुद्धि जिन समस्याओं से टकराती है उनसे सन्तुष्टि की भूख की शान्ति के लिए दार्शनिक अनुचिन्तन की आवश्यकता होती है। सभी समस्याएँ वैचारिक होती हैं जिनसे बुद्धि रूबरू होती है। यही कारण है कि किसी भी तन्त्र से सम्बन्धित समस्याओं का विश्लेषण किया जाता है, स्पष्टीकरण किया जाता है तथा दार्शनिक अनुचिन्तन द्वारा उसका समाधान किया जाता है।

"दर्शन का कोई दर्शन नहीं होता" क्योंकि दर्शनों और दूसरे तन्त्रों से सम्बन्धित समस्याओं पर जो हम अनुचिन्तन करते हैं वह भी दर्शन ही होता है। दार्शनिक अनुचिन्तन की आवश्यकता होती है क्योंकि जो ज्ञान प्रकाशित होता है वही "करने, न करने, अन्यथा करने सम्बन्धी हमारे कर्त्तव्यों" की प्रेरणा का कारण होता है। अगर प्रकाशित ज्ञान को व्यक्ति के भिन्न-भिन्न अभिप्रायों, रुचियों और इच्छाओं पर आरोपित किया जाए तो कर्त्तव्य का उचित प्रेरक कारण अनुरागयुक्त होगा और ज्ञान का भटकाव होगा। ये कुछ कारण हैं जो वैज्ञानिक सिद्धान्तों का कोई भी ऐसा दावा "कि ज्ञान वैज्ञानिक ज्ञान तक सीमित होता है इसकी इन्द्रियानुभव द्वारा परीक्षा की जा सकती है और वैज्ञानिक प्रयोगों द्वारा सिद्ध किया जा सकता है और इसीलिए ज्ञान के अध्ययन के लिए दर्शनशास्त्र की कोई आवश्यकता नहीं है" एक आधारहीन, अराजक और भ्रामक विचार है और इसीलिए अस्वीकार्य भी है।

जो दार्शनिक भाषा को लाक्षणिक मानकर चलते हैं उनसे भिन्न प्रो॰ रामन् (2011) के विचार से हम सहमत हैं कि "दर्शन के लिए भाषा रूपकों का चोंगा नहीं है। स्वयं लक्षणा भी भाषा की संरचना में अन्तर्निहित होती है" और इस तरह भाषा-दर्शन और विश्लेषण का सीधा सम्बन्ध चेतना के प्रकाश के रूप में भाषा से है जो अभिन्न रूप से अपने अर्थ को प्रकाशित करती है।

निष्कर्षतः विश्लेषण, समालोचना और सन्देहानुसन्धान विधि से समस्याएँ स्पष्ट हो जाती है और यह स्पष्टता सम्प्रत्यय की विवेकपूर्ण समझ के लिए तथा समस्या को दूर करने के लिए दार्शनिक चिन्तन को प्रेरित करती है। दर्शन बुद्धि-प्रकाशित समस्याओं पर अनुचिन्तनात्मक क्रिया है जिसका प्रयोजन समस्याओं के प्रति विवेक प्राप्ति है। अनुचिन्तनात्मक क्रिया ज्ञान को भाषा से पृथक् नहीं देखती और सत् जिस पर अनुचिन्तन किया जाता है वह भी भाषा उसे

---

39 पानी के बिना मछली कुछ क्षण ज़िन्दा रह सकती है पर गलफड़ों के बिना एक क्षण भी नहीं।

जिस रूप में प्रस्तुत करती है उससे भिन्न नहीं होता।[40] बुद्धि-प्रकाशित समस्याएँ ही दार्शनिक अनुचिन्तन के विषय होते हैं। चूँकि दार्शनिक अनुचिन्तन का लक्ष्य समस्याओं का विश्लेषण, व्याख्या, सम्प्रत्ययात्मक सुस्पष्टता और अन्ततः विवेक प्राप्ति होती है, इसीलिए दर्शन के भविष्य के समक्ष कोई संकट है? इस तरह के प्रश्न का कोई मूल्य नहीं है। यही कारण है कि समस्याओं से टकराने, उन पर अनुचिन्तन कर उन्हें दूर करने की बौद्धिक ईमानदारी और मानवीय अपेक्षाओं की स्पष्ट समझ की दर्शनशास्त्र परितुष्टि करता है इसलिए दर्शन और उसकी उपयोगिता की जिज्ञासा रोचक और अपेक्षित है।

---

40 ज्ञान की शब्दानुविद्धता के दर्शन के विशद विवेचन के लिए देखें – *Dynamics of the Language : The Philosophy of the World of the Words*, 2 vols, 2022, D.K. Printworld, New Delhi.

Bibliography (संन्दर्भ-ग्रन्थ सूची)

Ayer, A.J., 1982, *Language, Truth and Logic*, London: Penguin Books.

Krishna, Daya, 1955, *The Nature of Philosophy*, Calcutta: Prachi Prakashan.

Raman, N.S.S., 2011, *Problems of Interpretation and Translation*, Simla: Indian Institute of Advanced Study.

Susan, Haack, 1990, "Recent Obituaries to Epistemology", *American Philosophical Quarterly*, 27(3): 199-212.

एयर, ए॰जे॰, 1982, *लैंग्वेज, ट्रुथ एण्ड लॉजिक*, पेंगुइन बुक।

दयाकृष्ण, 1955, *द नेचर ऑफ फ़िलॉसफ़ी*, कोलकाता, प्राची प्रकाशन।

रामन्, एन॰ एस॰ एस॰, 2011, *प्रॉब्लम ऑफ़ इंटरप्रटेशन एण्ड ट्रांसलेशन*, इंडियन इंस्टीट्यूट ऑफ एडवांस्ड स्टडीज़, शिमला।

सुसान, हॉक, 1990, "रिसेंट ऑबिचुएअरीज़ टू एपिस्टेमोलॉज़ी", *अमेरिकन फ़िलॉसफ़िकल क्वाटर्ली*, वॉल्यूम 27, नम्बर 3, जुलाई।

Index

शब्दानुक्रमणिका